미지의
국가

제1장 김정은의 성장과정

제2장 무능과 오판

제3장 공포정치와 숙청

제4장 세계를 모르는 남자

제5장 김정은 참수작전

제6장 치열한 생존의 현장

제7장 김정은과 일본

역자 후기

제1장

김정은의
성장과정

엄마와 아들

1991년 어느 날,
도쿄 오쿠라호텔 로비에 3명의 관광객이 들어섰다.

큰 키에 수려한 외모의 30대 여성과 수수한 얼굴을 한 또 다른 여성, 그리고 초등학교에 갓 입학한 정도로 보이는 남자 아이였다. 두 여인은 자매인 듯도 보였지만, 평범한 외모의 여인이 다른 두 사람을 세심하게 돌보고 있었고 남자 아이는 당찬 모습으로 이 여인의 지극한 보살핌을 받으며 서 있었다.

이 세 사람은 여느 투숙객들과 다른 점 두 가지가 눈에 띄었다. 먼저 이들이 호텔 프런트에 제시한 여권이었다. 용모는 누가 봐도 동양인의 모습인데 그 여권은 어느 중남미 국가의 것이었다. 나머지 한 가지는 호텔 로비에서 눈에 띄지 않게 이들의 모습을 계속 지켜보고 있는 다수의 사람들이 있었다는 것이다.

이 꼬마가 20년 후 북한의 최고지도자가 되리라고는 당시 그곳에 있던 어느 누구도 상상치 못했다.

그 일행이 바로 오늘날의 김정은 북한 노동당 위원장과 그의 생모 고영희,

그리고 두 사람의 수발을 들던 이었다. 당시 김정일에게 세 번째 부인이 있다는 소문이 있었는데, 당시 한국 정보당국은 이미 그것이 고영희라는 것을 파악하고 있었다.

현장에는 한국 정보기관의 직원들뿐만 아니라 일본 경찰 당국도 나와 대기하고 있었다. 한국 정보당국은 이 정보를 일본 측에 흘리며 객실에 도청기를 설치하는 등 좀 더 많은 정보를 캐내기를 기대했지만 일본 경찰은 거기까지는 시도하지 않았다.

세 사람은 며칠간 디즈니랜드 관광과 시내 쇼핑을 즐기고 돌아갔고, 이들을 처음부터 끝까지 지켜본 몇몇 관계자들은 끈끈한 사랑으로 이어진 모자의 모습에 깊은 인상을 받았다고 전해진다.

평양시 북동부에 위치한 대성산(大城山)에는 북한 정권 수립에 공헌한 인사들이 묻힌 혁명열사릉이 위치하고 있다. 김일성의 부인이자 김정일의 생모로서, 두 사람과 나란히 '혁명3대장군'이라 일컬어지는 김정숙을 위시하여 클린턴 정부 시절이던 2000년 10월 군복 차림으로 백악관을 찾았던 조명록 국방위 제1부위원장 등이 안치되어 있다. 항일 빨치산 혈통을 특히 중요시하는 북한의 선민사상을 구현한 장소라고 할 수 있다.

일례로 2016년 5월 20일 식도암으로 사망한 강석주의 경우 노동당 국제담당 비서, 내각 부총리까지 역임하고, 1994년에는 북미 제네바 합의와 2002년 북일 평양선언 등의 공적을 인정받아 장례식은 국장으로 치러졌지만 그가 마지막으로 향한 곳은 혁명열사릉이 아닌 평양 형제산 구역 신미리에 있는 애국열사릉이었다. 이에 대해 한 북한 정부 관계자 출신의 탈북자는 "강석주의 혈통이 항일 빨치산이 아니었기 때문이다"라고 증언했다.

지난 2012년 이 대성산 혁명열사릉 인근 주작봉 기슭에 단 한 사람을 위한 묘지가 조성되었다. 바로 고영희의 묘다. 그곳에 다녀온 사람의 말에 따르면 주변이 솔밭으로 둘러싸인 조용한 장소라고 한다. 수 킬로미터 떨어진 곳에는 남편인 김정일과 시아버지가 되는 김일성의 시신이 보존된 금수산태양궁전도 있다.

　이 광대한 묘지는 아마도 유방암을 앓다 2004년 프랑스에서 사망한 어머니를 향한 김정은의 깊은 그리움의 표현이 아니었을까.

인정받지 못한 여인

고영희의 존재는
그동안 철저히 베일에 가려져 왔다.

　재일동포의 딸로 태어나 만수대예술단 무용수로 활동한 후 김정일과 고위 간부들을 접대하는 '기쁨조'에 선발된 것이 계기가 되어 1970년대 말 김정일의 세 번째 부인이 됐다. 하지만 김정일에게는 김영숙이라는 본처가 있었다. 더구나 재일동포라면 북한에서 '귀포(歸胞, 일본에서 귀국한 동포)'라 불리며 소위 이류 취급을 받는 때였다.

　재일동포뿐 아니라 일본 국적을 가진 배우자와 아이들 약 9만여 명이 1950년대부터 80년대에 걸친 귀환사업을 통해 북한으로 건너갔다. '조국건설'의 의지에 불타던 사람들이었으나, 자본주의와 사회주의 체제의 괴리감과 엄격한 언론통제 등으로 힘겨워했다. 북한 주민들의 눈에는 자신들보다 풍족하게 지내면서도 늘 불평불만을 쏟아내고, 특이한 억양을 쓰는 이방인으로 비쳐졌을 것이다.

　한 마디로 백두산 밀영을 김일성의 항일 빨치산 활동의 근거지이자 김정일의 출생지로 선전하며 '백두혈통'임을 강조하는 북한의 지도층과는 대척점에 있는 존재였다. 그러니 어찌 두 사람의 혼인을 허락할 수 있었겠는가.

김정일은 고영희를 단 한 번도 김일성과 만나게 한 적이 없었다. 당연히 고영희가 낳은 장남 정철과 차남인 정은, 딸 여정 또한 할아버지인 김일성을 만나본 적이 없다.

고영희와 3명의 자녀들은 평양과 지방에 있는 김정일의 별장, 특각(特閣)에 머물며 외부와 철저히 격리되었다. 넓은 부지를 둘러싼 외곽경비는 삼엄하게 이뤄졌는데, 거꾸로 말하면 김정은의 자유로운 외출도 허용되지 않았던 셈이다.

다만 사치는 허용했다. 특각에는 영화관과 승마장, 농구코트 등이 갖춰져 있었고, 해변에서 수상스키와 크루즈도 즐길 수 있었다. 식사 또한 동서양의 산해진미가 부족함 없이 제공되었고 기호품도 물론 풍족했다.

하지만 김정은 일행이 묵고 있던 특각을 찾아오는 사람은 극히 제한적이었다. 당시 북한의 국회에 해당하는 최고인민회의 대의원 687명 중 태반이 고영희와 김정은의 존재를 모르고 있었다.

김정일은 고영희를 무척 아꼈지만 항상 곁에 있는 것은 아니었다.

현지지도를 위해 각 지방을 돌아다니기도 했지만 애인도 여럿이었다. "평양 시내를 걷다 보면 하루 한 번은 장군님과 똑같이 생긴 아이를 만날 수 있다"라는 농담이 유행할 정도였으니 대충 짐작 갈 만도 하다.

아버지를 향한 원망

1984년 1월 8일에 태어난 김정은은

1996년 9월 스위스로 유학가기 전까지 특각에서의 생활을 강요당했다. 이 중 가장 오래 머물렀던 곳은 강원도 원산 특각이었다고 한다. 김정은은 원산을 자신의 고향이라고 느꼈던 것인지, 2009년 4월 처음 정식으로 김정일의 현지지도를 따라나선 곳도 원산농업대학이었다. 또한 김정은은 원산시 외곽의 갈마반도 리조트 개발에도 적극적으로 나서고 있다.

특각에서 지내는 동안 김정은은 죽마고우라 할 만한 친구를 사귀지 못했고, 곁에는 오로지 형 김정철과 여동생인 김여정 그리고 입에 발린 충성과 아첨을 일삼는 자들만이 있었을 뿐이었다.

이 같은 일그러진 생활은 과도한 자기애와 어머니에 대한 동정심, 그리고 아버지 김정일에 대한 원망으로 나타났다.

지난 수십 년 동안 북한 분석을 담당해 온 전직 일본 정부 당국자는 김정은의 기질에 대해 '자기애성 인격장애 (自己愛性人格障碍, Narcissistic Personality Disorder)'라고 말한다.

자신에 대한 지나친 애정과 특권의식을 갖고 다른 사람의 동조를 강요한다. 그리고 본인의 의견이 받아들여지지 않았다고 보이면 지나칠 정도로 강한 반발을 한다. 지시를 따르지 않았다는 이유로 간부들을 잇달아 처형하거나, 아버지뻘의 간부들 앞에서 의자에 떡 버티고 앉아 거만하게 구는 모습이야말로 이 장애의 대표적인 증상이라고 할 수 있다.

사람은 선천적으로 누구나 이러한 속성을 지니고 있다고 한다. 어린 아이들에게 장래희망에 대해 물으면, 자기의 능력은 생각지도 않고 비행기 조종사나 야구선수라고 천진난만한 대답을 내놓는 것도 그 일종이다.

하지만 초등학교, 중학교를 거치며 여러 친구들과 부대끼는 와중에 조금씩 자기라는 존재에 대해 객관적으로 인식하기 시작한다. 친구가 저 정도면 나도 할 수 있겠다 하는 판단이 가능해지게 되고, 자신의 존재와 위치를 다시금 인식해 가는 것이다.

하지만 김정은은 이러한 과정이 결여되어 있다. 어렸을 때부터 '소년대장'이라 불렸고, 주변의 어른들은 혹시나 김정은의 심기를 건드리지나 않을까 항상 노심초사였다. 김정일도 고영희, 김정은 모자를 정실(正室)과 적자(嫡子)로 맞아들이지 못한데 대한 죄책감 때문이었을까, 김정은을 지나치게 응석받이로 키웠다.

그럼 김정은은 그러한 아버지 김정일과의 갈등을 어떻게 받아들이고 있었을까. 여기에 대해 한국 정보당국은 김정은이 가장 증오했던 인물은 아버지 김정일이 아니었겠느냐고 분석하고 있다.

한국은 세계 최악의 폐쇄국가라 불리는 북한을 상대로 다양한 정보전(情報戰)을 펼치고 있다. 무선통신 감청, 정찰기를 통한 사진촬영, 스파이에 의한 정보수집 등 방법과 종류도 다양하다. 그 중 하나가 바로 독순술(讀脣術,

lip reading)이다.

북한 조선중앙TV에서는 김정은이 현지지도에 나선 모습이 빈번히 소개되고 있다. 신변보호나 정보관리 차원에서인지 촬영 일시도 공개하지 않고 음성이 딸려 있지도 않다. 과장된 몸짓을 곁들여 지도하는 김정은과 이를 공손히 경청하는 간부들의 모습만이 비춰지고 있을 뿐이다.

한국 정보당국은 이 화면에 나오는 김정은의 입술 움직임을 보고 그의 말을 읽어내고 있는 것이었다.

그 결과 김정은이 매우 즉흥적으로 상스러운 표현을 쓴다는 사실을 알 수 있었다. 전문적인 지식을 갖추고 있지도 않고, 합리적이고 진취적인 지시도 없다. 그저 신경에 거슬리는 것이 있으면 개새끼라고 욕설을 내뱉거나, 어쩌다 마음에 들지 않는 것이 있으면 좀 더 해보라고 다그치는 정도이다.

한국 정보당국은 여기서 김정은이 현지에서 자주 화를 내는 이유를 두 가지로 들었다.

하나는 흔히 이야기되듯 개인적인 콤플렉스와 스트레스 때문이다. 이제 막 서른이 넘은 애송이라 아직 아무것도 모르겠지 하고 자신을 얕보는 사람들에게 본때를 보여주고픈 감정인 것이다.

다른 하나는 김정일에 대한 모욕이라고 결론지었다. 어머니와 자신이 남의 눈을 피해 세상과 동떨어져 살고 있을 때, 아버지는 수많은 여인들과 즐거운 한 때를 보냈다는 점에 깊은 배신감을 느낀 것이다.

그렇다고 김정일을 욕할 수는 없는 노릇이다. 그렇게 되면 '백두혈통'이란 기치를 내걸고 후계자가 된 자기 자신을 부정하는 꼴이 되어 버린다. "김정일을 직접적으로 모욕할 수는 없으니 대신 함께 일해 온 사람들을 모욕하는 것"이라고 분석했다.

그 최대의 사건이 바로 2013년 12월 김정일의 최측근이자 김정은 자신의 숙부였던 장성택 전 국방위 부위원장을 처형한 일이다. 2016년 6월 김정일 시절 북한의 최고 통치 기구였던 국방위원회를 폐지하고 국무위원회를 신설한 것 또한 아버지에 대한 일종의 반항으로 해석할 수 있을 것이다.

곁가지 콤플렉스

한편 아버지 김정일에 대한 증오는
세상을 떠난 어머니에 대한 그리움을 한층 더하게 했다.

고영희는 살아생전 세 자녀의 장래를 항상 염려해 왔다. 김정일이
1971년 전처 성혜림과의 사이에서 얻은 장남 김정남의 존재 때문이었다.

고영희나 성혜림이나 본처(本妻)가 아닌 이상 그의 자식들도 '곁가지'일
뿐이었다. 김정일과 권력다툼을 벌였던 김평일도 마찬가지로 김일성의 후처인
김성애가 낳은 곁가지였다.

이에 고영희는 자신과 친분이 있던 노동당 조직지도부 제1부부장인 이제강
과 이용철에게 자식들의 뒤를 봐줄 것을 간절히 부탁했다.

2000년대 초중반에 걸쳐 이제강 계열이 고영희 우상화 작업에 몰두했음은
잘 알려진 사실이다. 고영희라는 이름을 직접 드러내지는 않았지만 이를
통해 자녀들의 후계 구도를 확고히 하고자 하는 의도였다. 하지만 김정남
후계에 더 무게를 실었던 장성택 계열의 저항에 부딪히면서 권력투쟁이 격화되
었고, 결국 이 작업은 화가 난 김정일의 명령에 의해 좌절되고 말았다.

2000년에 스위스에서 귀국해 이 과정을 모두 지켜봤던 김정은이 2009년

권력을 장악한 직후 벌인 사업은 바로 사망한 어머니의 묘지를 조성하는 일이었다.

그 일이 끝나고 김정일이 사망한 2012년에야 김정은은 겨우 생모인 고영희를 우상화하는 작업에 착수할 수 있었다.

김정은은 먼저 자신의 생일인 2012년 1월 8일 「백두의 선군혁명 위업을 이어받으며」라는 한 편의 기록영화를 공개했다. 이 영화의 한 부분에서는 "2월16일(김정일의 생일)에도 현지지도에서 돌아오지 못한 장군님을 어머니와 함께 밤중에 기다린 적이 있다"라는 김정은의 언급이 나왔다. 그리고 이어진 2월 13일자 노동신문에서는 김정일의 70회 생일을 앞두고 고영희를 「평양어머님」으로 호칭하는 서사시를 게재하기도 했다. 과거 이제강 등이 전개했던 고영희 우상화를 상기시키는 대목이었다.

또한 5월에는 「위대한 선군조선의 어머님」이란 85분 분량의 기록영화를 일부 간부들에게 공개했다. 여기에는 고영희가 김정일과 함께 현지지도를 하고 어린 김정은과 지내는 모습 등이 담겼다. 한 가지 흥미로운 점은 이 영화에서는 고영희를 '이은실'이란 이름으로 소개하고 있다는 것이다.

어찌 됐든 이 우상화 작업은 불과 반년 만에 또다시 좌절됐다. 영화 상영은 보류되었고 묘역 출입도 금지됐으며, 북한 관영 매체들도 다시금 고영희에 대한 언급을 피하게 되었다.

이에 대해 태영호 전 영국 주재 북한대사관 공사는 영화를 본 고위 간부들이 이구동성으로 "얻을 건 없고 잃을 것 투성이"라고 반대했기 때문이라 전했다.

또 한 소식통에 따르면 북한은 한국과 일본의 언론들이 일련의 우상화 작업을 상세히 보도하는 것에 대해 상당히 신경을 썼다고 한다. 특히 고영희의 실명을 언급하지 않은 것이 오히려 호기심을 불러일으키며 재일동포이기 때문이라느니 혹은 김정은의 출생의 비밀이라느니 하는 기사가 나갔고, 이러한 얘기들이 평양을 시작으로 북한 주민들의 귀에 흘러들어갔기 때문이라고 설명했다.

자신들이 존경해 마지않는 최고지도자가 곁가지이며 그 생모가 재일동포 출신이라는 것을 어찌 만천하에 드러낼 수 있겠는가.

김정은은 노동당 창건일인 10월 10일, 그리고 김일성의 생일인 4월 15일과 김정일의 생일인 2월 16일 등 주요 국경일이나 기념일이 되면 간부들을 대동하고 금수산태양궁전을 참배하고 있다.

그러나 정작 김정은이 찾아가고 싶은 곳은 그곳에서 불과 수 킬로미터 떨어진 대성산 자락에 자리한 고영희의 묘는 아니었을까. 그의 뇌리에 가장 깊이 새겨져 있는 날은 고영희의 생일인 6월 26일과 기일인 8월 13일 임에 틀림없다.

스키광의 마식령 프로젝트

김정은은
1996년 9월부터 2000년 8월까지 스위스에서 유학했다.

한국 정부 관계자는 "스위스는 예전부터 북한이 비밀자금을 자유롭게 인출하기 편리한 국가였다. 그래서 로열패밀리 교육도 스위스에서 했다"고 말했다. 김정일 정권 시절 북한이 해외에 은닉한 비밀자금, 일명 '혁명자금'은 최소 30억 달러에서 50억 달러에 달한다고 알려져 있다. 그 상당액이 스위스 구좌에 숨겨져 있었다. 당시 이 돈을 관리하던 금고지기가 바로 스위스 주재대사로 부임해 있던 리수용 현 노동당 중앙위원회 부위원장이다.

김정은이 머물던 아파트는 수도 베른(Bern)의 한적한 주택가에 있었다. 베른역에서 버스로 약 10분 거리의 슈타인휠츨리(Steinhölzli)에서 다시 몇 분 정도를 걸어야 한다. 최고급까지는 아니지만 주변에 현대식 아파트와 상점, 식당 등이 줄지어 있는 거리에 위치한 지상 3층, 지하 1층의 클래식한 아파트였다.

당시 친구들의 증언에 따르면 시중을 드는 두 명의 여성과 한 명의 남성이 늘 곁을 따랐으며, 집 안에는 커다란 스테레오 세트가 놓여 있었고 놀러온 친구들에게 콜라나 과자 등 간식을 넉넉히 내놓았다고 한다.

김정은은 당초 '박훈'이라는 가명을 쓰며 베른 근처 귀믈리겐(Gumligen)에 있는 국제학교에 다니다가, 얼마 동안 인근의 한 공립학교에서 독일어 교육을 받은 뒤 1998년 9월 집 근처 쾨니츠(Köniz) 지역의 리베펠트(Liebefeld)에 있는 슈타인휠츨리(Steinhoelzli) 공립학교로 전학했다.

그다지 유쾌한 기억이 없었던 국제학교 시절이지만, 오늘날의 김정은과 북한에 한 가지 커다란 영향을 미친 일이 있었다. 당시 열두 살이던 김정은은 매년 1월부터 3월까지 총 7회에 걸쳐 열리는 스키교실에 참가했고 거기서 스키에 큰 흥미를 가지게 되었다고 한다.

베른역에서 열차로 1시간 45분을 달리면 험준한 산들로 첩첩이 둘러싸인 곳에 김정은이 다녔던 츠바이뤼치넨(Zweilutschinen) 스키장이 나온다. 중급 코스가 인기인 베른 근교 스키장의 중심지다.

코치 중 한 사람이었던 쿠르트 뮐러 씨는 "국제학교 학생은 200명이 매회 참가했는데, 그 중 스노보드가 70명, 스키가 130명이었다. 7번의 수업을 들으면 여기 있는 모든 슬로프를 탈 수 있을 정도가 된다"고 말했다.

스케이트라면 모를까 아직도 북한에서 스키는 절대로 대중적인 스포츠가 아니다. 스키장까지 가는 것도 보통일이 아니고, 장비를 마련하는 것도 꽤 많은 돈이 들어간다. 애당초 일반 사람이 갈만한 스키장이라곤 눈을 씻고 찾아봐도 없었다. 어쩌다 있는 스키장이라곤 국가대표 선수나 산악경비대가 훈련이나 연습용으로 사용하는 곳이었다.

2013년 12월 마침내 강원도 원산 근교에 마식령 스키장이 개장했다. 총 공사비만 4억 달러에 달한다고 한다. 쌀로 치면 북한의 연간 소비량의 절반에 달하는 200만 톤 이상을, 중국산 옥수수는 400만 톤 이상을 들여올 수 있는 금액이다.

복수의 스위스 정부 관계자에 따르면 북한은 지난 2013년 6월 한 스위스 기업에 마식령 스키장에서 사용할 리프트, 곤돌라 등 총 700만 스위스 프랑 (CHF) 상당의 수출을 의뢰했지만, 스위스 정부의 개입으로 성사시키지 못했던 쓰라린 기억을 갖고 있다.

김정은은 츠바이뤼치넨(Zweilutschinen) 스키장에서 탔던 해발 2,011m의 산정까지 올라가는 케이블카를 마식령 스키장에서 다시 즐길 수 있길 꿈꿨는지도 모른다.

북한은 마식령 스키장을 세계 일류의 대중 스포츠 관광 거점이라 부른다. 뮐러 씨에게 마식령 스키장의 설계도를 보여주고 감상을 부탁했다.

"식당이나 휴게시설이 한곳에 집중되어 있는 건 좋네요. 코스 선택도 쉽고 같은 장소로 되돌아오도록 한 것이나 슬로프 길이도 괜찮다고 생각한다. 다만 1인승 곤돌라로 국제대회를 치르는 것은 무리다. 슬로프 길이도 1코스를 제외하면 너무 짧다. 스키에 대한 노하우가 부족한 북한이 목표치를 너무 높게 잡은 게 아닌가 싶다."

문을 연 마식령 스키장은 10개의 슬로프에 리프트는 5개뿐이다. 비록 2인승의 구식이긴 했지만 독일제와 스위스제였다고 한다. 국제사회의 경제제재와 압박을 어떻게 피한 건지 그 재주에 실로 놀라지 않을 수 없다.

김정은, 악동을 만나다

김정은은
스키 외에도 농구를 아주 좋아하는 것으로 알려져 있다.

학창시절 방과 후 오후 4시쯤이면 어김없이 친구들과 가까운 코트를 찾아 농구를 즐겼다. 나이키 농구화 에어조던을 신고와 주변의 부러움을 사기도 했다. 1990년대는 NBA 시카고 불스의 황금기였는데 김정은은 마이클 조던(Michael Jordan)과 토니 쿠코치 (Toni Kukoc), 스카티 피펜 (Scottie Pippen) 등 당시 멤버들과 함께 찍은 사진도 갖고 있었다. 파리에서 열렸던 친선경기에 남몰래 가서 찍은 것이란 후문이다.

두목 기질의 경기 스타일로 팀원들에게 곧잘 지시를 내리기도 하고, 시합에서 지면 여럿이 모여 패인을 분석하기도 했다고 한다. 농구 경기가 끝나면 땀도 씻을 겸 수영을 즐기기도 했다고 한다.

지도자가 된 후에는 시카고 불스의 황금기를 이끌었던 선수들을 북한으로 초대했지만, 데니스 로드맨 (Dennis Rodman)을 제외하고는 일제히 거절했다.

한 한국 정부 관계자는 "김정일이 영화광이라면 김정은은 스포츠광이다"라고 표현한다. 김정일은 영화를 무척 좋아해서 전용 영화관까지 갖추고 동서고금의 명화들을 사 모았다고 한다. 김정은도 여기에 뒤질세라 권력 승계 직후인 2012년 11월에는 체육정책 전반을 총괄하는 '국가체육지도위원회'를 신설했고, 스키장뿐만 아니라 미림승마구락부, 메아리 사격장, 문수 물놀이장 등을 차례로 개장했다.

취미에 열중하는 기질은 김정일과 똑 닮았으면서도 한편으론 다른 점도 있다.

김정일은 취미를 자기 생존의 수단으로 삼았고, 특히 예술을 사상통제와 일인독재의 수단으로 십분 활용했다.

1967년 북한에서 '일편단심'이라는 영화가 제작되었는데, 그 내용이 김일성이 아닌 '갑산파'를 찬양하는 것이라는 문제가 제기됐다.[1] 이에 대노한 김일성이 새로운 영화를 만들 것을 지시했는데, 당시 선전선동부 문화예술 지도과장이던 김정일은 이 기회를 놓치지 않았다. 전국에 있는 예술가와 작가, 미술가 등을 불러 모아 「피바다」, 「꽃파는 처녀」 등의 영화를 차례로 만들어 격찬을 받았다.

김일성이 김정일을 후계자로 점찍은 것이 환갑 생일을 맞은 1972년 4월이었고, 김정일이 후계자로 공식 등장한 것이 1980년 당대회였으니, 권력투쟁이 시작되기도 전에 자신의 취미와 재능으로 정적을 제거한 것이다. 취미가 단순한 놀이로 끝나지 않은 셈이다.

김정일은 영화 뿐 아니라 스포츠 또한 국위선양의 수단으로 이용했다.

---

[1] 역주 : '갑산파'는 50년대 김일성이 권력 투쟁에서 승리하는 과정에서 김일성을 절대적으로 지지했던 세력으로 국내파, 연안파, 소련파 등이 몰락 후 당도직을 장악하면서 빨치산에 버금가는 세력으로 부상하였다. '일편단심'은 갑산파의 세도가 절정에 이르면서 그 중심인물인 박금철 내각 부수상 부부의 항일 무장투쟁을 미화했다고 문제가 생겼으며 이후 '반종파 투쟁'과 '유일사상체계 확립'의 빌미가 되었다.

일례로 1999년 8월 29일 스페인 세비야에서 열린 제7회 세계육상선수권대회 여자 마라톤에서 우승한 정성옥 선수의 경우, 30만 평양 시민들이 길거리에 나와 환영행사를 펼쳤고, 김정일은 정성옥이 달았던 배번 772번을 부착한 벤츠 승용차와 고급 주택을 선물했다. 운동선수로는 이례적으로 '공화국영웅' 칭호도 받았다.

레이스 직후 인터뷰에서 내뱉은 장군님 덕분이란 말 한 마디가 그녀의 운명을 송두리째 바꿔놓은 것이다.

체육강국 건설의 꿈

김정은이 스포츠를 주민통치의
수단으로 활용하는 발상도 틀리지는 않은 것 같다.

다만 김정은이 김정일과 달리 세상물정을 모른다는 한국 정부 관계자의 말처럼 문제점이 많을 뿐이다.

김정일 역시 스포츠를 정치에 이용했지만 절대 무리하는 법이 없었다. 스스로 무리한 목표를 세웠다가 망신을 자초하는 일은 없었다. 자신의 취미인 영화를 정치에 이용했지만, 어찌됐건 그것은 내부에 국한된 얘기였다.

그런데 김정은은 '체육강국'을 표방했다. 그리고 장웅 IOC(국제올림픽위원회) 위원을 통해 평창 동계올림픽의 분산 개최를 제안하며, 북한을 방문했던 한국 관계자들에게 줄곧 마식령 스키장 시찰을 권유하기도 했다.

그렇다면 과거 1936년 나치 독일의 베를린 올림픽과 비교할 수 있을 만큼, 오늘날의 북한이 올림픽을 개최할 수 있을 정도의 경제력과 국제적 신용을 얻고 있는 것일까. 나치는 베를린 올림픽을 이용해 마치 자신들이 평화 세력인 것처럼 가장했지만, 그 또한 당시에는 그렇게 할 수 있는 힘이 여전히 남아 있었기 때문에 가능했다.

하지만 지금 북한에는 국제대회 유치 기준에 미치지 못하는 허술한 시설밖에 없는데다가 국제적 신용은 이미 바닥으로 떨어진지 오래다. 남북 관계 또한 2016년 1월 4차 핵실험을 기점으로 악화일로를 걸으면서 분산 개최의 꿈은 무산되고 말았다.

북한 주민들은 1990년대의 '고난의 행군'이라 불리는 절대빈곤으로부터 벗어나긴 했지만, 화려한 취미를 즐길 수 있을 만큼의 여유는 아직 없다.

마식령 스키장의 이용료는 4시간 리프트권을 포함해 외국인은 15달러, 북한 주민은 7달러 정도이다. 북한 근로자들의 평균 월급이 5,000원인 것과 특권층이 모여 사는 평양에서도 100달러면 네 식구가 한 달 동안 편히 먹고 살 수 있는 것을 감안할 때 결코 적은 금액이 아니다. 게다가 각 지역 및 직장 단위로 스키장 이용이 할당되어 손님으로 동원되고 있다고 한다.

2014년 1월 19일 결국 비극이 발생했다. 이날 평양의 한 기업소에서 차출된 주민 약 50명은 평양과 원산을 연결하는 고속도로를 이용해 이제 막 문을 연 마식령 스키장으로 향했다. 물론 스키장을 찾은 외국인 관광객과 언론에 보여주기 위한 대외적인 선전용이었다.

마식령은 말도 넘기 힘들어 쉬어가는 고개라는 의미를 담고 있을 만큼 험준한 곳이다. 엎친데 덮쳐 길은 얼어붙고 눈까지 쌓이는 등 최악의 조건이었다. 체인도 감지 않은 버스는 스키장 근처에서 미끄러져 계곡으로 추락했고 사망자만 20~30명에 달했다고 한다. 사고 직후 해당 지역에 주둔하고 있던 인민군 제5군단과 제10군단이 구조에 나섰지만 작업은 난항을 겪었고 결국 주민들에게는 즉각 함구령이 내려졌다고 한다.

김정일은 치열한 권력투쟁에 늘 노출되어 있었기에 스포츠도 취미인 영화도 정치에 잘 이용할 줄 알았다. 하지만 김정은이 스위스 유학시절 즐겼던 스키라는 취미는 팍팍한 북한의 삶과는 한참 동떨어져 있다.

이에 한국 정보당국자는 "김정일, 김정은 모두 술을 좋아하는 건 맞지만 술을 마시는 스타일부터가 전혀 다르다. 김정일은 주의 깊게 주위를 살피며 얘기도 잘 듣는 편이었다. 반면 김정은으로 말할 것 같으면 사탕발림 같은 말만 들으며 마냥 신나게 마실 뿐이다. 그래서야 세상 돌아가는 걸 어떻게 알 수 있겠나"라며 쓴 입맛을 다셨다.

허세, 그 생존의 기술

김정은이
권력을 승계한 후 맞은 첫 생일이었던

2012년 1월 8일, 북한은 한 편의 기록영화를 방영했다. 거기서는 김정은이 전차를 조종하는 장면이 나오고 있었다.

2014년 12월 30일에 방영된 또 다른 기록영화에서는 조종간을 직접 잡고 비행기를 이착륙시키기도 했다. 2016년 봄이 되자 조선중앙통신은 점점 더 핵과 미사일에 집착하고 열광하는 김정은의 모습을 차례로 내보냈다.

3월 4일과 22일에는 신형 대구경 방사포를 시험 발사했고, 9일에는 핵무기 병기화 사업 현장을 시찰했다. 또한 11일에는 탄도미사일 발사훈련과 인민군 탱크병 경기대회를 참관했고, 15일에는 탄도미사일 대기권 재진입 실험, 20일에는 대규모 상륙훈련이 이어졌다. 4월 이후에도 잠수함 발사 탄도미사일 (SLBM)과 무수단 중거리 탄도미사일 발사 실험을 직접 참관했다.

이러한 일련의 움직임에서 눈에 띈 점은 김정은의 세세한 지도 방식이다.

무기 하나하나를 손으로 직접 만져 보며 무기의 성능과 부대의 전술에 간여하고, 급기야 전차 조종까지 해 보려고 한다. 공개된 영상 속에서는 김정은 옆에 놓인 핵폭탄 설계도와 남한 지역을 공격하기 위한 작전 지도 등이 눈에 띄기도 했다.

과거 김정일도 군부대를 빈번히 시찰했지만 이처럼 까다롭진 않았다. 장성들의 이야기를 듣고, 부대원들과 단체사진을 찍고, 위문품으로 컵라면을 전달하는 것이 일반적인 코스였다.

왜 이런 차이가 생긴 것일까.

미국 정부의 심리 분석에 따르면 김정은의 성격은 '위험(dangerous), 폭력적(violence), 예측 불가능(unpredictable), 과대망상(delusion of grandeur)'이라는 네 가지 특징으로 분류되었다고 한다.

자존심이 너무 강해 현지지도를 나가서도 준비되어 있는 계획을 트집잡거나, 정해진 코스대로 움직이는 것을 싫어해 예정된 일정을 멋대로 변경하기도 한다.

일례로 2013년 봄 김정은이 시찰 도중 그대로 차를 몰고 되돌아가버린 일이 있었다. 경호에 손쓸 틈도 없이 현장은 대혼란에 빠졌다. 당시 미처 통행금지 조치가 취해지지 않은 상태에서 김정은의 차에 접근해 온 일반차량에 몸을 던져 막은 평양의 여성 교통경찰관이 있었는데, 이 경관에게 「불의의 정황 속에서 수령 결사옹위의 영웅적 희생정신을 발휘하여 혁명의 수뇌부의 안전을 결사보위 했다」라며 「공화국 영웅」 칭호를 수여했다는 에피소드도 생겨났다.

한국 정보 관계자는 "김정은은 자신이 어리고 아무 것도 모른다는 사실에 대해 강한 콤플렉스를 갖고 있다"고 말했다. 그리고 여기에 비정상적이리만큼 강한 자존심이 맞물려 역으로 나는 뭐든지 알고 있다는 듯한 태도를 낳았고, 결과적으로 자잘한 것 하나까지 일일이 참견하는 지도 스타일이 된 것이다.

하지만 김정은의 지도자상을 홍보하는 역할을 담당하는 노동당 선전선동부도 아무 말을 못하고 있다. 섣불리 참견해서 김정은의 심기를 건드렸다간 무서운 결과가 초래될 수 있다는 두려움 때문일 것이다.

또한 그러한 폭력적이고 위험한 성격은 김정은으로 하여금 핵과 미사일에 집착하게 만들고 있다. 이것 또한 '콤플렉스의 반증'이라고 동 관계자는 얘기한다.

"김정은은 미국을 굉장히 두려워하고 있다. 언제 죽을지 모른다는 불안감에 거꾸로 허세를 부리는 것이다."

핵과 미사일에 매달리는 모습은 다름 아닌 살아남기 위한 허세가 아닐까.

김정일의 유산

한편 북한 스스로가 안고 있는 사정 또한 김정은이

핵과 미사일에 의존할 수밖에 없는 상황을 만들고 있다.

「존경하는 김정은 대장동지의 위대성 교양자료」라는 한 권의 교본이 있다. 원제는 「청년대장 김정은 동지는 위인의 품격과 자질을 완벽하게 체현하시고 위대한 장군님의 사상과 영도를 충직하게 받들어 나가시는 백두산형의 장군이 십니다」로, B5 사이즈의 총 6페이지 분량이다.

김정은이 후계자로 지명된 2009년에 만들어져 공식 석상에 등장한 2010년 9월 제3차 노동당 대표자회 이후 모든 당원들에게 학습 의무가 부과된 책이다.

여기서는 김정은이 김정일의 후계자로서 얼마나 훌륭한 자질을 갖추고 있으며 믿고 따를 만한 지도자인지를 구체적인 일화를 통해 소개하고 있는데, 크게 네 가지 근거를 들고 있다.

첫 번째는 김정일에 대한 최고의 충성심, 두 번째는 사상과 이론의 대개, 세 번째는 인민들에 대한 뜨거운 사랑, 그리고 마지막 네 번째로는 「위대한 장군님께서 지니신 천출명장으로써의 비범한 천품과 자질을 그대로 체현하고 계시는 군사의 영재」라는 항목을 들었다. 구체적으로는 「뛰어난 영군술로 적들을 단호히 제압하시는 무적필승의 청년장군」, 「백발백중의 사격술을 가진 천하제일의 명사수」 등의 서술이 이어진다.

에피소드도 몇 가지 소개되어 있다. 내용의 일부를 옮기자면, 김정은은 태어날 때부터 신동소리를 들었고, 3살 때부터 운전을 시작해 8살도 되기 전엔 굴곡과 경사지가 많은 비포장도로를 몰고 질주했다고도 한다.

또 10대가 되어서는 이미 동서고금의 세계적인 명장들의 이론을 모조리 터득했고, 16살이던 2000년 여름 스위스에서 귀국하여 김일성군사종합대학에 입학하여 불과 3년 만에 군사학에 통달하게 되었다고 했다.

한편 김정은은 대학시절 새벽 4시부터 인민군 작전안을 탐독하여 「김일성군사종합대학시절에 한다하는 군사가들이 한생을 다 바쳐도 다 터득하지 못한 보병, 포병은 물론 공군과 해군을 비롯한 군종, 병종, 전문병분야에 완전히 정통하시고 전군을 지휘통솔할 수 있는 뛰어한 령군술을 남김없이 보여주시였다」면서, 군사대학의 교수는 김정은이 대학에 입학한 지 1년 만에 더 이상 가르칠 것이 없다고 말했다고 한다. 그리고 2006년 12월 24일 김일성군사종합대학을 만점으로 졸업했다고 이 책은 소개하고 있다.

이 밖에도 2010년 5월 김정은이 1초 동안에 3발의 속도사격으로 100m 밖에 매달아 놓은 전등알들과 그 뒤에 매달아놓은 병들을 백발백중하고, 표적지에 총을 20발 쏴 모두 10점짜리 동그라미 안에 명중시키자 이를 지켜본 김정일이 매우 흡족해 했다는 일화도 있다.

결국 김정일이 아들 김정은에게 물려준 것은 핵과 미사일 밖에 없었다. 김정일이 경제를 등한시 해 온 것은 아니었지만, 1990년대 중반의 '고난의 행군'이라 불리는 대기근으로 말미암아 국가 배급 제도는 붕괴되고 말았다.

김정일이 공식 등장했던 1980년 10월 10일 개최된 제6차 당대회에서 북한은 1980년대의 경제건설 목표로서 '사회주의 경제건설 10대 전망목표'를 내걸었다.

그러나 한국 통계청에 따르면 북한의 철광석 및 강철 생산량은 1990년대 초 수준에 머물러 있다. 2016년 현재 곡물 생산량은 1980년에 제시한 목표치의 3분의 1에 불과하며, 전력량도 20%를 조금 웃돌 뿐이다.

김정은은 2016년 5월 7일 7차 당대회 중앙위원회 사업총화 보고에서 「당 조직들이 경제 사업에 대한 당적지도를 실속 있게 하지 못하고 있다. 당의 경제정책과 방침관철을 위한 당적지도에서 결정적 개선을 가져와야 한다」고 언급하며 그동안의 경제정책이 사실상 실패했음을 인정했다.

하지만 10대 전망목표가 어떻게 되었는지에 대해서는 끝끝내 입을 열지 않았다.

김일성 흉내 내기

2016년 5월 6일 밤 10시 30분,

　　　여느 때라면 정규 방송이 끝날 시간대에 조선중앙TV는 김정은 제1비서(당시)가 참석한 가운데 평양에서 조선노동당 제7차 대회가 시작되었음을 알렸다.

　「오늘 우리는 전당, 전군, 전민이 주체혁명의 최후승리를 하루빨리 앞당겨 올 배심과 신심 드높이 제국주의자들의 온갖 위협과 광란적인 도전을 짓부시며 전인민적 총진군을 과감히 전개해 나가고 있는 장엄한 투쟁 속에서 역사적인 조선노동당 제7차 대회를 진행하게 됩니다.」

　김정은은 힘에 부친 듯 커다란 체구를 흔들며 특유의 낮은 음성으로 개회사를 읽어 내려갔다. 광택이 있는 은색 넥타이에 흰 와이셔츠, 차콜그레이(charcoal gray) 색상의 줄무늬 정장 차림이었다.

　한국의 정보분석담당자는 이렇게 말했다. "김일성이 30대 즈음에 즐겨 입었던 디자인과 꼭 닮았다."

　김정은이 김일성을 **빼닮**았다는 얘기는 그가 김정일과 현지지도에 동행하기 시작한 2009년 봄 무렵 이미 파다하게 퍼졌다. 이듬해 9월 제3차 노동당 대표자회를 통해 공식 무대에 등장하기 이전 북한을 방문했던 한국계 미국인 학자 또한 김정은의 사진을 보고는 그 자리에서 김일성의 젊은 시절이 연상되었다고 했다.

그렇다면 왜 김일성을 흉내 내는 것일까. 누가 이렇게 만든 것일까.

한국의 전직 정보분석담당자는 1997년 한국으로 망명한 황장엽 전 노동당 비서가 했던 말이 떠오른다고 했다.

"북한에서는 매우 중대한 문제를 해결해야 할 때 '상무조'를 결성한다."

이른바 태스크포스를 구성하는 것이다.

이 담당자는 "김정은을 어떻게 띄울 것인가는 노동당 선전선동부의 임무겠지만, 최고지도자의 후계자를 어떻게 띄울 것인가는 국가의 중차대한 사업이다. 당의 부장 한 사람이 혼자 책임질 수 있는 문제가 아니다. 몇몇 고위 간부들이 임시로 차출되었다고 본다"고 설명했다.

사업의 목표는 당연히 김정은이 후계자로서 적합한 인물이라는 것을 증명하는 것이다. 그 결과물이 바로 여러 근거 없는 일화집(逸話集)의 편찬과 '김일성 아바타'의 제조였던 것이다.

북한에서는 김정일이나 김정은을 욕하는 사람은 있어도 김일성은 아직까지도 '국부(國父)'로서 존경을 받고 있다. 항일 빨치산 투쟁으로 조국을 구했다는 일화를 갖고 있기 때문이다.

이 담당자는 "박근혜가 대통령이 된 것도 많은 시민들이 그녀의 모습에서 박정희에 대한 향수를 느낄 수 있었기 때문일 것이다. 마찬가지로 빨치산도 아니고 긴 외국생활을 했던 김정은이 리더가 되기 위해서는 그 방법밖에 없었을 것이다"라고 덧붙였다.

김일성이 생전에 즐겨 쓰던 밀짚모자를 쓰고, 김일성이 그랬던 것처럼 주민들과 적극적인 스킨십도 시도한다.

체형도 닮아 있다. 김정은은 원래 체중이 70~80㎏ 정도였지만 김일성의 뚱뚱한 체형을 닮기 위해 일부러 살을 찌웠다.

문득 이 담당자는 "손목시계는 수입품이어도 좋았겠죠"라며 웃었다.

당대회 날 김정은이 손목에 차고 있던 시계는 스위스 명품 브랜드 '모바도(MOVADO)'의 제품이었다.

"그도 그럴 것이 김일성이나 김정일 모두 측근들에게 오메가(OMEGA) 시계를 뿌려댔으니까요. 그 자리에 국산 시계를 차고 나왔더라면 굉장한 일이었을 텐데요."

김정은은 이때 고위 간부들에게 스위스제 시계를 선물했다. 약 3,600명의 당대회 참가자 가운데 당 중앙위원급이나 군사령관 등 100명 정도에게 돌아갔다. 시계 문자판에는 지식인과 노동자, 농민을 상징하는 '펜과 망치, 낫'을 표현한 노동당 마크와 제7차 대회를 나타낸 북두칠성이 붙어있다.

북한은 이 시계를 특별 주문할 때 스위스제 표시를 넣지 않도록 지시했다고 한다. '김정은의 배려품'임을 강조하는 한편 국제사회의 제재를 의식한 것으로도 보여진다.

한 북한 관계 소식통은 "사실 오메가라던가 파텍필립(Patek Philippe) 등 고급 브랜드의 상표를 넣어도 그 진가를 아는 사람은 드물다. 차라리 김정은과 가깝다는 것을 증명하는 당 마크가 들어간 것이 보다 가치가 있다"고 말했다.

한편 이밖에 간부들에게는 기념품으로 냉장고나 TV 등을, 다른 참가자들에게도 질이 다소 떨어지는 시계 등을 나눠줬다고 한다.

이에 한국 정부 관계자는 "우리도 역대 대통령의 사인이 들어간 손목시계를 기념품으로 사용하지만 기껏해야 3~5만 원 정도다. 시계만 놓고 보면 김정은이 더 통이 큰 것 같다"고 농을 던지며 웃었다.

벽을 문이라 하면 열고 들어가라

2016년 7월 1일,
국정원은 국회에서 김정은의 동향과 관련한 사항을 보고했다.

이에 따르면 권력을 승계한 직후인 2012년께 90kg이었던 체중이 2014년에는 120kg으로, 최근에는 130kg까지 불어났다고 한다.

김일성을 닮은 체형을 염두에 두었을 터이지만 어느 샌가 그 목표체중을 넘어선 셈이다.

2014년 봄경 김정은이 다리를 저는 모습이 포착됐고, 9월부터 40여 일간 공개 활동을 중단하기도 했다. 같은 해 12월 7일에는 조선중앙TV를 통해 여군 조종사를 격려하는 김정은이 절뚝거리는 다리를 끌며 활동하는 모습도 비춰졌다.

한국 정부는 이에 대해 폭식의 결과가 초래한 통풍일 가능성이 높은 것으로 보고 있다.

김일성, 김정일과 마찬가지로 당뇨병, 고혈압, 심장병 등의 증상도 의심되고 있다. 앞선 두 사람 역시 극심한 스트레스에 시달렸는데, 경험도 지식도 없이 돌연 최고지도자의 지위에 오른 김정은의 정신적 부담 또한 상당할 것으로 보여진다.

국정원은 2016년 7월 보고에서 김정은이 불면증에 걸려 잠을 제대로 이루지 못하는 상태가 계속되고 있다고 지적하면서 "혹시나 우발적인 자기에 대한 신변 위협 때문에 많은 고민을 하고 있다. 또 폭식과 폭음으로 인한 성인병의 발병 가능성도 있다"고 설명했다.

같은 해 10월 보고에서는 북한의 공개 처형이 연초부터 9월까지 64명에 달했으며, 국제사회의 제재 강화로 엘리트층의 충성심이 약화되면서 김정은이 자신의 안전에 대한 위기감을 느끼고 있다고 전했다.

이밖에도 현지지도 일정을 갑자기 바꾸거나 독극물, 폭발물 등을 탐지하는 장비를 새로 구입하기도 했으며, 한미 특수부대의 공격과 정밀폭격 등을 경계하고 있다고 밝혔다.

2~3일에 한번 꼴로 공개 활동을 실시하는 한편 과도한 스트레스로 폭식과 폭음의 경향을 보이며, 측근들과의 술파티도 일주일에 서너 차례나 갖는다고 했다.

김정은은 하루에 담배 한 보루(200개비)를 피울 정도의 애연가로도 알려져 있는데, 연장자가 옆에 있건 병원 안에 있건 때와 장소를 가리지 않고 피워댄다.

김정은의 지시 가운데에도 난폭한 발언이 많다. 「내가 하나를 하라고 하면 열을 하고 싶어도 하나만 할 것」(2014년 4월), 「내가 벽을 문이라 하면 열고 들어가는 자세가 필요하다」(2015년 1월)라고 하는 식이다.

김정은 본인의 성격과 앞서 기술한 불행한 성장과정도 폭력적인 성향을 더욱 부채질하는 결과를 낳고 있다.

1998년 미국으로 망명한 김정은의 이모 고영숙이 미국 워싱턴포스트(WP)와의 인터뷰에서 김정은의 유년시절을 회고하며 "성격이 급하고 참을성이 부족한 아이였다. 어머니가 꾸짖으면 단식으로 반항하는 등 항의성 성격이었다"고 언급하자, 김정은은 해외 주재 대사들에게 이러한 정보가 북한에 유입되지 못하도록 지시했다고 한다.

이에 대해 한국 정보당국은 "자신의 백두혈통 주장의 허구성이 폭로될 것을 우려했기 때문"이라고 분석하고 있다.

피폐한 정신 상태는 본래의 난폭한 성격과 맞물려 잔인한 행동을 낳는다. 공개처형 시 고사포를 사용해 몸을 분쇄해 버리거나, 사체를 개에게 먹이거나 하는 것도 그 일례다.

김정은은 2016년 3월 유엔 제재 결의안 채택 이후 11월까지 줄잡아 20발 이상의 탄도미사일을 발사했다. 2011년 말 권력을 쥔 이후로 치면 무려 30발이 넘는다. 이미 김정일 시대의 미사일 발사 수를 넘어섰다고 한다.

군에 의존하는 정치, 과식에 시달리는 나날, 난폭한 행동, 이 모두가 북한의 최고지도자라는 무거운 짐을 짊어진 결과다.

제2장

무능과
오판

유령호텔이라 불리던 류경호텔

김정일 총서기가
뇌졸중으로 쓰러지기 몇 개월 전인 2008년 봄,

남북교류 사업차 평양을 방문한 한국인 연구자는 이동하는 버스
안에서 창밖을 내다보다 한 곳에 시선을 빼앗겼다.

"무슨 공사를 하고 있구나." 그의 눈이 향한 곳에는 커다란 삼각형 모양의
건물이 우중충한 회색 콘크리트를 그대로 노출한 채 서 있었다. 그것은 바로
1987년 착공했다가 1992년 자금난으로 공사가 중단된 채 방치되고 있던
'류경호텔', 일명 '유령호텔'이었다.

그런데 그곳에 방호망과 사다리가 설치되어 있었고, 현장에서 일하고 있는
사람들의 모습도 보였다. "왜 이제 와서야..." 이를 이상하게 여긴 연구자는
동행하고 있던 북한 안내원에게 물었지만 웃으며 고개를 가로저을 뿐이었다.

이 연구자가 의아하게 생각한 것도 무리는 아니다. 이미 공사가 중단된
지 16년이나 지났기 때문이다. 휜히 드러난 콘크리트에는 빗물이 스며들었고,
겨울철 이 수분이 얼어붙어 콘크리트를 부식시키고 있었다. 공사 중단 기간
중 현장을 시찰했던 한 재일동포 건축가는 이 호텔을 보자마자 사용불가

판정을 내렸다고 한다.

애초 105층 320m 높이의 호텔을 목표로 삼았지만, 설계 문제인지 공사 문제인지 건물 중간 부분은 꺾여 있었다.

"이대로는 엘리베이터 한 대도 제대로 움직일 수가 없겠다"는 것이 세간의 평이었다.

당시 북한은 2012년 4월에 있을 김일성 탄생 100주년 기념식을 앞두고 있었기에, 김정일은 분명 잔칫날 초대된 외국인들에게 이 흉물스러운 시멘트 덩어리를 보여주고 싶지 않았을 터이다.

결국 북한은 자국에서 이동통신 사업을 해온 이집트의 오라스콤(Orascom) 사로부터 7억 5천만 달러에 달하는 막대한 사업비를 충당하여 공사를 재개했다고 한다.

김정일이 쓰러진 이후에도 공사는 계속되었고, 통유리창을 설치하자 외관상으로는 그럴듯한 건물로 탈바꿈됐다. 이제는 안내원들도 평양을 방문한 사람들에게 이 호텔에 대해 자랑스럽게 말할 수 있게 되는 듯 했다.

2012년 4월 기념식 이전에 문을 연다는 희망적인 얘기도 들리는가 싶더니, 얼마 안 있어 지상 25층까지만 우선 개장하는 것으로 말이 바뀌었고, 결국은 행사 당일까지 문을 열지 못했다. 그리고 얼마 후 유럽 호텔업계에서 투자를 할 것이라는 설도 나왔지만, 결국 백지화되고 말았다. 또다시 류경호텔은 시찰코스에서 제외되었고, 안내원들은 그저 입을 다물 수밖에 없었다.

김정은이 권력을 잡은 2011년 말 이래 적어도 '혁명의 수도'라 불리는 평양만큼은 커다란 발전을 이뤘다고들 하지만, 이 류경호텔이야말로 오늘날 김정은 정권의 경제정책의 한계를 단적으로 잘 보여주고 있다.

마천루와 '돈주(錢主)'

2015년 11월 3일
평양에서 미래과학자거리 준공식이 열렸다.

　　전년도 9월부터 건설이 시작된 이 거리는 핵개발과 경제발전을 동시에 추진하는 '병진노선'을 주창한 김정은의 지시로 공사가 시작되었다. 핵무기와 탄도미사일을 개발하는 과학자들을 우대하고, 나아가 병진노선에 매진케 하려는 계산이 깔려 있었다.

　　이 거리에는 53층 높이의 고층 아파트를 비롯해 3,000~4,000세대 규모의 대단지 아파트와 서구식 백화점, 그리고 북한이 자랑하는 지하 1층, 지상 5층 규모의 '창광상점' 등 150개 이상의 상업시설을 갖추고 있다. 준공식에 참석한 박봉주 내각총리는 「미래과학자거리는 영광스러운 김정은 시대의 자랑스러운 창조물」이라며 자찬을 늘어놨다.

　　준공을 목전에 두었던 10월 하순 미래과학자거리를 시찰했던 김정은 또한 「10년을 1년으로 앞당기는 우리 조국이 10년 후면 더욱 몰라보게 전변될 것」이라고 말하며 흥분을 감추지 못했다.

　　특히 화려한 외관과 53층 아파트 꼭대기에 세워진 위성 모양인 상징탑을 보고는 「건물 외벽을 갖가지 색으로 마감하고 지붕형식도 새롭게 특색 있게 시공하니 거리가 천연색 거리가 됐다」며 입에 침이 마르도록 자랑했다.

북한은 2012년 4월 김일성 탄생 100주년 기념에 맞춰 '살림집 10만호 건설'을 야심차게 추진했지만, 실제 완성된 것은 10~30% 수준이라고 한다. 물론 그것만으로도 상당한 규모의 아파트 단지가 짧은 기간에 지어진 셈이다.

세계 최빈국 수준의 북한에서 어떻게 이런 일이 가능한 걸까.

한 북한 관계 소식통은 "국가예산이 투입되고 있는 곳은 미래과학자거리와 여명거리 정도다"라고 말한다.

또 다른 한국 국책연구소의 북한 전문가는 이 아이러니를 이렇게 설명한다.

"애당초 아파트 건설을 지시하는 쪽은 김정은 본인이거나 노동당 회의 결정사항이다. 물론 김정은에게 구체적인 도시계획이나 건축자재 등에 관한 지식이 있을 리가 만무하고, 즉흥적인 지시이거나 별 생각 없이 결정하는 경우도 많다."

그럼 실제로 몇 월 며칠까지 전국에 몇 세대가 살 수 있는 최신식 고층 아파트 단지를 지으라는 지시가 내려오면 이후 상황은 어떻게 될까.

먼저 중앙당은 지방 각 도별 위원회에 임무를 할당한 후 다시 시군별 위원회로 할당을 세분화한다. 그러면 각 시군 위원회는 그것을 각 지역 및 직장별로 더욱 세분화하여 지시를 내린다고 한다.

"그러는 사이 각 조직이 하는 일이라곤 어떻게 임무를 할당할까 하는 작업뿐이다. 각 지역의 사정을 고려해 할당량을 어느 정도 가감할 수 있을지 몰라도, 기본적으로는 무리인 줄 알면서 떠넘기는 것이다."

모두 무리인 줄 알지만 꾹 참는 수밖에 없다. 어설프게 덤볐다간 운이 좋아도 경질이고, 까딱 잘못하다간 숙청되는 운명에 처해질 수도 있기 때문이다.

이 지시는 명령서라는 이름의 달랑 종이 한 장이 전부다. 공사에 필요한 시멘트, 철근 등 자재와 노동력, 전기는 일절 지급되지 않는다.

드디어 말단까지 내려온 명령서를 받아 든 각 직장과 지역 사람들은 어떻게 하는 걸까. 그들에겐 더 이상 할당량을 떠넘길 사람도 없다. 자신들이 해결하지 못하면 숙청을 비롯한 가혹한 운명만이 기다리고 있을 뿐이다.

막다른 궁지에 몰린 그들의 유일한 도피처는 '돈주'라 불리는 신흥 부유층이다. 돈주는 장마당이나 중국과의 밀무역을 통해 자본을 축적한 이들이다. 최근 북중 접경지역인 신의주, 혜산 등지에는 고가의 오디오세트, 위성 TV 등을 갖추고 군부대 등에 뇌물을 주고 끌어온 전기로 풍요로운 생활을 구가하고 있는 돈주들이 곳곳에 포진해 있다.

지역 책임자들은 돈주에게 고개를 숙이고 아파트 건설에 필요한 당장의 자금을 조달한다. 아무리 돈주라고는 하지만 개인사업주다보니 혼자서 고층 아파트를 올릴 정도의 자금력은 없다보니, 수십 명의 돈주들로부터 조금씩 융통해 온다.

물론 돈주들이 이 요청에 거저 응할 리가 없다. 그들이 요구하는 대가는 아파트의 우선 분양권이다. 당 간부들 몫의 일부를 떼어 돈주가 내놓은 자금에 상응하는 만큼의 분양권을 넘기는 것이다.

이렇게 간신히 종잣돈이 마련되면 공사가 시작된다. 이때 담당자들은 공사 현장에 아무렇지도 않은 듯 고층 아파트 건설을 알리는 간판을 서둘러 내건다. 물론 분양예정이라고는 적지는 않지만 모두 이심전심으로 간판의 의미를 알고 있다.

이어 부유층들이 건설 담당자와 접촉을 하기 시작하고, 돈주들과 마찬가지로 각 지역 세대 관리 담당자에게 뇌물을 주며 분양을 받는 것이다.

이런 식으로 운전자금이 모아지고 아파트가 점점 완성 되어가는 것이라고 한다. 비록 완성이라고 해도 골격만 갖춘 일종의 반제품 아파트다. 실내 내장이나 창틀, 전기공사 등은 전부 구입자의 몫이다.

그런데 최근 평양 여기저기에서는 소위 미분양 아파트가 속출하고 있다. 부유층의 입주를 기대한 돈주들이 방이 네댓 개 딸린 물건을 너무 많이 만든 것이 원인이라고 한다.

평해튼(Pyonghattan)의 실체

2015년 가을
한국의 전문가와 역사학자,

그리고 국회의원들이 두 차례에 걸쳐 개성을 방문했다.

개성에도 고층 아파트가 많이 있다. 문득 아파트 집집마다 반짝이는 소형 패널(panel)이 설치되어 있는 것이 한국 시찰단의 눈에 띄었다. 어떤 것은 창문 밑에 매달렸고, 또 어떤 것은 베란다에 놓여 있었다. 모양도 형태도 제각각이었다.

북한 안내원에게 묻자 "태양광을 이용한 발전 패널이에요"라고 답했다. 중국에서 수입한 것을 개인적으로 설치하다보니 모습이 천차만별이 된 것이라고 한다.

이 안내원은 자신도 현재 사용하고 있다면서 "1년에서 1년 반 정도면 못쓰게 되긴 하지만, 그래도 본전은 건지는 셈이죠"라고 투덜거렸다.

북한의 전력난은 어제 오늘의 일이 아니기에 문제의 뿌리는 아주 깊다. 김정일은 2012년 4월 김일성 탄생 100주년 기념식에 맞춰 평양의 전력부족을 해소하겠다고 호언하며, 발전용량 30만㎾를 자랑하는 '희천수력발전소'를 준공했다.

하지만 공사 기간을 너무 단축한 탓에 엉터리 설계와 부실 공사로 이어졌고, 결국 외벽에서 누수가 일어나는 사고가 발생했다. 엎친 데 덮친 격으로 발전소에서 평양을 연결하는 송전 케이블이 노후화함에 따라 발전량의 30%도 보내지 못하는 상황에 빠지자 완공 당시 떠들썩했던 북한 언론에서도 최근 희천발전소에 대한 언급은 일절 찾아 볼 수 없게 되었다.

2016년 여름이 되자 평양의 전력 사정이 좀 나아졌다는 소문이 퍼졌다. 북한을 다녀온 전문가들로부터 한 번도 정전이 일어나지 않았다든가 네온이 반짝이고 있었다는 증언이 잇달아 나오고 나서부터다.

그 얘기를 들은 한 평양 시민은 "하지만 거기엔 다 그만한 이유가 있다"고 말하며 쓴웃음을 지었다.

첫 번째 이유는 그해 여름 함경북도를 휩쓴 수해 때문이었다. 두만강 하류 지역인 회령시와 온성군 일대가 홍수로 큰 피해를 입었고 수십만 명의 이재민이 발생했다. 북한 지도부는 제7차 조선노동당 대회 이후 실시된 주민 노력 동원 사업인 '200일 전투'를 중지하고 피해현장 복구 작업에 나설 것을 지시했다. 여기에는 성과가 시원치 않은 200일 전투를 중단하려는 구실이란 소문도 돌았지만, 어찌 됐든 그 덕분에 평양 미래과학자거리와 여명거리에서 진행 중이던 대규모 공사가 중단되면서 다소나마 전력 사정에 여유가 생겨 다른 지방으로도 공급이 가능하게 되었다고 한다.

두 번째 이유는 '평양 일극주의(一極主義)'이다. 북한 지도부는 자신들이 살고 있는 평양을 고수한다는 방침을 세우고, 그나마 하루 몇 시간 남짓 지방에 공급되던 전기를 더 줄여 평양으로 돌리고 있다.

북한은 러시아로부터 얼마간의 중유를 수입하고 있기는 하지만 전력 생산량에 큰 변화는 없다고 한다. 전력 부족을 해소하기 위해 북한 주민들이 원래 애용하던 것은 소형 발전기였다. 그것이 어쩌다 최근 들어 태양광 패널로 바뀐 것일까.

한 가지 원인은 발전기에 들어가는 휘발유를 구하기 어려워졌기 때문이다. 중국으로부터의 원유 수입은 계속되고 있지만, 중국의 공식 통계상으로 2014 년부터 대북 원유 수출이 0인 점을 감안할 때 그만큼 수입이 어려워졌음을 보여준다.

실제로 아파트에 전기와 물이 공급되는 시간대가 아침저녁 하루 두 번 세 시간 정도에 그치는 것이 보통이다. 고층 아파트에서는 엘리베이터 작동 시간대에 외출하거나 귀가하려는 주민들로 북적이고, 툭하면 일어나는 정전으 로 엘리베이터 홀 앞이 인산인해를 이루는 것도 드문 광경이 아니다.

다른 하나는 김정은의 취향에 맞춘 근대적 건축 방식에 원인이 있었다. 서구 문화를 동경하는 김정은은 아파트도 통유리를 사용한 커튼월(curtain wall) 공법을 선호한다고 한다. "그렇게 되면 창문이 열리지 않는다"며 한 아파트 주민이 투덜거린다. 창문이 안 열리니까 휘발유를 사용하는 발전기에서 나온 연기를 배출할 수 없기 때문에 태양광 발전 패널이 인기를 끄는 것이라고 한다.

북한은 2016년 5월 미국과 일본, 영국 등 외국 언론 100명 이상을 평양으로 불러들여 36년 만에 열린 제7차 조선노동당 대회를 취재토록 했다. 이때다 싶었던 김정은은 고층 아파트 단지의 한 개 호실을 개방하고 촬영도 허가했다. 나중에 그 영상을 분석한 한국 정부 관계자는 "욕조에 물이 채워져 있었다. 아마도 전기가 부족해 수도가 자주 끊기다 보니 혹시나 하는 걱정에 물을 받아둔 것 같다"고 솔직한 생각을 밝혔다.

전기 뿐 아니라 물 공급에도 어려움을 겪고 있다. 지난 2016년 북측으로부터 녹지화 사업 협력을 요청받은 유럽의 한 NGO가 북한을 방문했다. 김일성은 좁은 경작지를 효율적으로 사용하기 위해서 작물을 촘촘하게 심는 '밀식(密植)'을 중심으로 한 '주체농법'을 실시했다. 그 결과 산간부까지 개간되면서 녹지가 감소했고, 1990년대 대기근과 에너지 부족으로 산림 남벌은 더욱 가속화되었다. 이 단체에 따르면 전국 삼림 면적은 1990년 약 820만ha(헥타르)에서 2015년에는 503만ha까지 줄어들었다고 한다.

다급해진 김정은은 전국의 녹지화를 선언하고 2015년 3월 2일 북한의 '식수절'(우리의 식목일)에 맞춰 항공 및 반항공군 제447부대를 찾아 직접 나무를 심었다.

하지만 이 단체는 평양과 몇 군데 지방을 시찰한 결과 녹지 계획이 거의 실현 불가능한 상태임을 깨달았다. 단체 관계자는 "물과 전기가 없다. 우선 이 문제를 해결하지 않는 한 아무리 나무를 갖다 심어도 소용없는 일이다"라고 말했다.

북한에서 좀 오래됐다 싶은 아파트에는 1층 밖에 화장실이 없다. 수압 때문이다. 그러다 보니 한밤중이 되면 노인, 아이 할 것 없이 용변을 보기 위해 계단을 오르내리게 된다. 그나마 좀 나은 아파트에서도 층별로 화장실을 공동 사용하는 곳이 드물지 않다.

그러면 대체 평양에서 주민들에게 인기가 있는 아파트는 어디란 말인가.

김정은이 자랑하는 고층 아파트의 경우 기껏해야 저층부에만 수요가 있다고 하며, 정작 일반 주민들 사이에서 인기가 있는 것은 군부대와 발전소 등의 근처에 세워진 아파트라고 한다. 북한 관계 소식통은 "발전소는 물론 힘이 있는 군에 우선적으로 전기가 공급되기 때문이다"고 말했다. 주민들은 우선

군과 발전소에 뇌물을 주고 전기를 확보한 다음에야 아파트에 입주하는 것이라고 한다.

"옛날 같으면 이런 장난은 통하지 않았다. 개인의 소유권 따위는 인정되지 않고, 집은 국가가 공평하게 순서대로 주민들에게 나눠주는 것이었다. 하지만 지금은 뇌물만 주면 뭐든지 된다."

한편 최근 김정은이 자랑하는 미래과학자거리와 여명거리에서는 매우 흥미로운 현상이 나타나고 있다. 일대에 정전이 발생해도 그곳에 세워진 고층 아파트에서는 휘황찬란하게 불을 밝히고 있다는 것이다. 이에 한 주민은 "그곳에는 부자들만이 살 수 있다. 당연히 발전기라든지 특수한 송전장치라든지 직접 조치를 취한 후 입주한 것이다"라고 털어놓았다.

교통정체의 이유

2016년 5월에 열린 제7차 조선노동당 대회 취재차 각국에서 기자들이 모여들었다.

이들의 카메라를 통해 비춰진 평양의 일상에서 가장 눈에 띈 것은 바로 차였다. 예전과 달리 여러 종류의 차들이 거리에 넘치고, 평양역 앞과 김일성광장 부근에서는 교통 규제도 행해지고 있다고 한다.

1킬로미터에 1달러, 20달러면 시내 어디든지 이동할 수 있다는 택시도 여기저기서 돌아다니고 있다. 2016년 가을을 기준으로 그 수가 2,000대를 넘어섰다고 하니 택시업계의 과당경쟁이 우려될 정도다.

과연 이것이 평양의 경제적 번영을 의미하는 것일까.

이에 한 북한 관계 소식통은 "차량 번호판에 주목해야 한다. 군과 특수기관 소속 차량이 많은 것을 쉽게 알 수 있다"고 말한다.

북한의 번호판은 군용 차량의 경우 검은색 바탕에 흰색 글씨, 일반 차량과 택시는 흰색, 외교 차량은 청색, 그 밖에 차들은 황색으로 크게 나뉘어져 있다. 이중 눈여겨봐야 할 것은 검은색과 흰색이다. 흰색 번호판 중에서도 김정일의 생일인 2월 16일을 뜻하는 '216'이라던가 전승절인 7월 27일을 딴 '727'등 차량번호를 보면 군이나 특수기관과 연계된 조직임을 알 수 있는 번호가 눈에 띈다.

또한 잘 살펴보면 한참 붐벼야 할 아침 출근 시간대에도 버스 정류소에 줄을 선 사람이 보이질 않는다. 버스가 다니고는 있지만 소위 '기동대'라고 불리는 차량이 대신 운용되고 있다. 과거 무궤도전차(트롤리 버스)가 고장 났을 때 대체수단으로 이용되던 버스다. 또한 독립채산제 도입으로 이익이 발생하는 기업소에서는 자체 통근버스를 마련하는 경우도 적잖다.

상황이 이렇다 보니 일반 주민들이 이용할 수 있는 정기운행 버스는 급격히 줄어들었고, 예전처럼 정류소에서 길게 줄을 서는 일도 없어졌다고 한다.

연료 부족으로 인해 북한의 공공 교통망이 붕괴하고 있는 것이다.

택시도 돈이면 다 해결된다. 유로화 결제가 선호되고, 일부 부유층의 경우 비교적 짧은 거리임에도 택시를 빈번히 이용한다. 하루 수입이 고작 20달러라고 생각할 수도 있지만 북한의 4인 가족 기준 월평균 생활비가 100~200달러임을 감안하면 엄청난 액수다.

한편 평양과 남포, 원산과 청진 등의 도시 간을 연결하는 장거리 버스도 등장했다. 비록 초라한 모습의 중고 소형 버스이지만 하루에도 몇 편씩 분주하게 내달리고 있다.

이는 부유층인 돈주들의 사업적 재간과, '자력갱생', '독립채산'의 기치 하에서 어느 정도 보장된 이동의 자유가 합쳐지면서 생겨난 결과물인 것이다.

'리설주 패션'의 유행

최근 평양에서
눈에 띄게 늘어난 것 세 가지가 있다고 한다.

노인과 싸움, 그리고 유민(流民)이다.

평양 중심부를 가로지르는 대동강변을 따라 가다 보면 강가에서 낚시를 하는 노인들을 흔히 볼 수 있다. 길가에는 간단한 공구를 바닥에 펼쳐놓고 무료하게 손님을 기다리는 노인들도 있다. 자전거 펑크를 때우는 수리점이다. 북한 당국이 당대회 때 외신 기자들에게 자랑해 보인 큰길에서 한 블록 안쪽으로 들어간 골목골목에는 허름한 진열대나 길바닥에 칫솔, 빨래집게, 고무 등 생필품을 늘어놓고 파는 노인들도 있다. 그들은 단속원이 나타나면 메뚜기처럼 이리저리 옮겨 다닌다고 해서 소위 '메뚜기장사'라고 불리고 있다.

그리고 노인들에게서 눈에 띄는 점은 남자가 많다는 것이다. 원래 북한에서 길거리 장사는 여성들의 몫이었다. 남자들은 관영 기업소나 정부기관에서 일하기 때문이었다.

하지만 김정은 시대 들어 '독립채산'을 하달하자 기업소나 정부의 방침이 바뀌었다. 원래 북한에서 정년은 당의 과장급 이하는 일률적으로 60세였지만 왕년의 사회주의 시대에는 본인이 직장에 남고 싶으면 어느 정도 융통성을 발휘할 수 있었다. 그러나 이익을 내지 못하면 살아남기 어려운 시대가 되면서 정부기관도 기업소도 60세 정년을 엄격히 적용하게 되었다는 것이다.

물가도 오르고 있다. 시장환율은 1달러에 약 8,300원으로 4인 가족이 한 달에 필요한 최저생활비 100달러는 83만 원에 달하는데 반해 평양의 일반 주민들이 받는 평균 월수입은 5천 원 정도다. 북한 주민들은 "김정은 때문에 물가가 올랐다"며 뒷담화를 하고 있다. 김정은이 원가 보장 원칙을 지키라고 지시했기 때문이다. 김일성, 김정일 시대에는 "인민의 임금으로 살 수 있는 범위에서 물가를 설정하라"고 하는 한편, 생산자에게는 이익의 부족분을 국가의 보조금으로 충당했던 것으로 알려졌다.

정권이나 주민들이나 돈벌이 수단을 찾는데 혈안이 돼 있다. 자동차가 늘어나면서 이제까지 공짜였던 주차장도 당연히 요금을 받게 됐다. 길가에서는 '체육 추첨권 판매소'가 생겨났다. 이른바 스포츠 진흥 복권이다. 정부 기관과 기업소에는 구매 할당량도 있다.

반면 성공한 사람들의 생활은 점점 화려해지고 있다. 원래 북한에서 부자들은 신중하게 행동하는 것이 일반적이었다. 튀는 행동을 하다가 찍히면 '충성자금'의 공출 명령을 받거나 자칫 정치적으로 숙청되어 전 재산을 빼앗길 수도 있기 때문이다.

한 탈북자는 평양에 살 때 아이의 생일을 맞았다. 당시 소속된 연구 기관이 성과를 거둬 약간의 포상금을 받은 터라 주머니에 여유가 있었다. "이걸로 아이에게 좀 괜찮은 옷이라도 사줘라"고 부탁하며 아내에게 돈을 건네고 시내 유수의 백화점에서 아이 옷을 사오게 했다. 셔츠와 조끼, 바지가 세트로

된 중국산 제품을 사가지고 온 아내는 매우 만족스러워하며 남편에게 보여주었다고 한다.

하지만 그 조끼 뒷면을 보는 순간 남편은 무척이나 당황했다고 한다. "영어로 'American Army'라고 씌어 있었다. 너무 놀란 나머지 조끼는 조각조각 찢어버렸다"고 했다.

이 탈북자는 이따금 고기를 먹더라도 뼈는 반드시 멀리 떨어진 곳까지 버리러 갔다. "어디서 누가 보고 있는지 모른다. 정치적으로 문제시될만한 행동은 가능한 한 피해야 했다"고 말한다.

그런데 최근 조금씩 변화의 바람이 불고 있다. 주민들이 그 판단 기준으로 삼는 건 김정은의 부인 이설주다. 그녀가 서양 스타일의 복장과 핸드백, 귀금속으로 몸을 치장하고, 김정은도 백화점의 여성 점원들에게 그와 같은 복장을 장려한다. 이를 지켜본 주민들은 안심하고 조금씩 멋을 부리게 되었다는 것이다.

특히 일반 주민들의 복장이 예전보다 화려해지는 등 옷차림에 큰 변화가 일었는데, 이는 국가에서 의복 등 소비재를 공급할 수 없게 된 사정도 영향을 미쳤다고 한다.

돈만 있으면 북한도 천국

뇌물도 횡행하고 있다.

탈북자들은 "돈만 있으면 북한도 천국이다"라고 이구동성으로 말한다. 좋은 집을 구하고, 출신 성분을 고쳐 쓰고, 좋은 학교나 일자리를 찾고, 국경 근처까지 가기 위한 여행증을 발급 받는 등 정식으로 수속하면 불가능하거나 몇 개월씩 걸릴 일들이 돈이면 쉽게 해결된다. 돈이 없다고 누구를 탓할 수도 없는 노릇이다.

남들이 무얼 하는지 모르면 그나마 참을 만하겠지만 2008년 12월부터 북한 내에서 시작된 제3세대(3G) 휴대전화 서비스는 순식간에 확대되어 오늘날 휴대전화 가입 대수는 300만대를 넘어 정보의 유통량이 급증하고 있다.

아울러 자유시장이 전국에 380여 곳이나 있다. 북한은 식량난 해결을 위해 '3대 축(농업, 축산업, 수산업)의 발전'을 목이 쉬도록 독려했지만 에너지 부족과 국제사회의 제재로 인해 성과는 극히 미미했다. 기간산업이나 사회 인프라 투자도 부족하다.

이 때문에 사경제(私經濟)가 급성장하면서 북한 경제 전체에서 차지하는 비율은 이제 약 40%에 달했다고 한다. 시장에서 쓰이는 중국 위안화나 달러화, 유로화 등의 외화가 절반 이상에 이른다.

이런 현상을 우려하고 단속해야 할 관료들도 시장에 편승하고 있다. 시장에 가보면 자재를 팔아 돈을 버는 기업소라든지, 각종 인허가권 및 단속권한 등을 이용해 상인들로부터 '자릿세(장세)', '보호료'를 갈취하는 관리들이 끊이지 않는다.

한국은행 등에 따르면 북한의 경제 성장률은 2011년 0.8%, 2012년 1.3%, 2013년 1.1%, 2014년 1%로 미미한 성장을 계속하고 있다. 이는 대부분 이러한 사경제가 떠받친 결과에 불과하다. 원래 북한이 빈곤에서 벗어나려면 연평균 5% 이상의 경제 성장률을 얼마간 유지할 필요가 있지만, 생산수단의 전면적인 개방과 자본주의로의 이행은 김정은에 대항하는 세력의 대두를 초래할 수 있다. 결국 이러한 비정상적인 경제 활동에 기댈 수밖에 없는 상태가 이어지면서 부정부패의 온상을 제거하지 못한 채 시간만 흐르고 있다.

1990년대 중반의 대기근 '고난의 행군'으로 국가에 의한 배급 제도가 마비된 이후 태어난 '장마당 세대'는 330만 명으로 북한 전체 인구의 15% 정도를 차지한다. 그들은 이념보다는 현실의 삶에 관심이 있다. 개인주의 성향이 강하고 북한이 가장 중시하는 집단주의를 혐오한다. 게다가 외화벌이를 위해 해외에 나간 적이 있는 사람은 북한 전역에 22만여 명이나 있다고 한다. 그들은 외화와 더불어 새로운 외부 정보를 함께 가져온다.

이제 주민들은 "북한에는 두 개의 당이 있다. 장마당(자유시장)은 우리에게 이익을 가져오지만, 노동당은 아무것도 해주지 않는다"라고 말하며 비꼰다. 수령에 대한 충성심보다 돈을 가장 중요시하면서 사상은 해이해졌다고 한다.

민심은 자연히 황폐해졌고 싸움이 벌어지기 시작했다. 북한의 거리 곳곳에는 인민보안성 요원들이 서서 질서유지와 치안 활동에 종사하고 있다. 김일성 시대 때는 일제강점기 순사도 벌벌 떨 정도로 막강한 권력을 가지고 주민들을 단속했다.

그러던 것이 최근 들어서는 거리에서 빈번히 일어나는 싸움 하나 말릴 수 없다. 주민들도 싸움의 원인이 정치적인 것이 아닌 한 심각한 문제가 아니라는 것을 알고 있다. 시장 상인들 간의 갈등, 최근 늘고 있는 불량품 판매나 사기 등으로 매일 같이 여기저기서 싸움이 일어나지만 보안요원은 현장에 달려가서도 할 수 있는 일이 없다. 구경꾼들은 허둥지둥하는 보안요원들에게 경멸의 시선을 보낼 뿐이라고 한다.

평양으로 몰려드는 사람들

세 번째로
눈에 띄는 것은 '유맹(流氓)' 현상의 발생이다.

　　최근 평양에서는 기업소나 건설현장에서 낯선 얼굴들이 늘고 있다
고 한다. 그들은 평양 일극주의(一極主義)로 황폐해진 지방을 등지고 평양으로
몰려든 사람들이다. 필사적으로 돈을 모아 편법으로 주민등록을 하고, 일자리
와 살 곳을 찾아 평양으로 온다. 뇌물만 쥐어주면 뭐든지 가능하다고 한다.

　　북한 지도부가 외국인의 눈에 절대 띄지 않도록 했지만, 최근 평양에는
빈민굴도 생겨나기 시작했다. 고층 아파트 건설 현장이나 추위를 피할 수
있는 지하도가 그것이다.

　　북한에서 식량배급제가 작동하던 시절에는 살고 있는 곳을 떠나면 식량을
얻을 수 있는 방법도 없었다. 출장을 갈 때조차 관청에 신고를 하고 출장지에서
식량을 받을 수 있도록 하는 절차가 필요했다. 하지만 1990년대 중반 대기근을
계기로 대부분 지방에서 배급제도는 붕괴했다.

　　또한 이것도 앞서 기술했듯이 지방과 지방, 지방과 평양을 오가는 장거리
버스도 출현했다. 평양에 들어가려면 특별통행증이 필요하지만, 이를 빠져나

가는 방법은 여러 가지다. 그 중 하나가 고층 빌딩 건설을 맡고 있는 돈주들이다. 이들은 이윤을 많이 남기기 위해 공사비 절감을 꾀한다. 군인이나 학생은 대표적인 노동력이지만 식사도 챙겨 줘야 하고 때로는 뇌물을 줘야 한다. 형편없는 밥에 몇 푼 안 되는 임금으로 부릴 수 있는 지방 출신의 노동자야말로 돈주들에게는 안성맞춤인 존재인 것이다. 이렇게 평양에서는 빈부격차가 점점 벌어지고 있다고 한다.

그리고 북한 정권은 교통수단이나 전기, 물 등의 공공서비스를 전혀 제공하려 하지 않는다. 최근에는 도로 청소까지 전부 지역주민들에게 떠넘기게 되었다고 한다.

이제 주민들은 김정은의 동정(動靜) 따위에는 전혀 관심이 없다. 관심을 갖는 것은 자신들의 스트레스를 해소하기 위해서 조롱의 대상으로 삼을 때뿐이다.

북한에서는 예전부터 식생활에 어려움을 겪어 왔기 때문에 살집이 있는 체형의 사람을 뒤에서 욕하는 습관이 있다. 옛날에는 불룩 튀어나온 배를 '지주(地主)배'라고 불렀다. 김일성 일인독재 정치가 완성됐을 즈음부터는 '간부(幹部)배'라는 이름으로 바뀌었다. 최근 북한 주민들은 "머지않아 '정은배'라고 이름이 바뀌겠네"라는 농담을 던진다고 한다.

제3장

공포정치와
숙청

의심하는 순간 지옥이 시작된다

"김정은을 3I라고 규정할 수 있다"

북한의 5차 핵실험 직후인 2016년 9월 12일, 서울에서 개최된 한미 통합국방협의체(KIDD:Korea-US Integrated Defense Dialogue) 회의 모두발언에서 류제승 국방정책실장이 던진 말이다.

'3I'는 Indifferent(무관심한), Intolerant(참을성없는), Inexperienced(미숙한)를 뜻한다.

류 실장은 이어 "한미동맹에 대한 가장 큰 위협은 북한 핵·미사일을 정권의 생존수단으로 여기는 김정은 개인이라는 점에 유의해야 한다"면서 "김정은은 목적을 위해서라면 어떤 것에도 개의치 않는 인물이며, 참을성도, 경험도 없는 독재자"라고 깎아 내렸다.

사실 박근혜 대통령도 8월 15일 제71주년 광복절 경축사에서 처음으로 김정은과 당국자를 구별했다. 김정은의 공포 정치로 당국자들이 동요하고 있다는 판단에서였다.

"김정은은 아버지 김정일 사후 최고 지도자 자리에 올랐지만 나이도 젊고

능력도 부족하고 실적도 찾지 못하고 있다. 처형된 고위 간부만 100여 명을 넘어섰다."

북한이 4차 핵실험을 감행한 이틀 후인 2016년 1월 8일은 김정은의 서른두 번째 생일이었다. 이날 한국군은 대북 확성기 방송을 재개했다. 휴전선 일대에 설치된 대형 스피커를 통해 전방 10~20㎞까지 도달하는 고음량으로 김정은의 무자비함을 호소했다.

그동안 김정은은 어떤 숙청극을 벌여온 걸까.

2014년 10월, 김정은은 평양시 중구역에 위치한 김책공업종합대학 교직원 주택단지를 시찰했다. 46층 높이의 고층 트윈 타워로 디자인에 곡선을 풍부하게 도입했다. 김정은은 "마치 대동강에 뜬 범선 같다"며 만족해했다고 한다.

하지만 그 다음 순간 현장에 있던 관계자들은 하나같이 얼어붙었다. 신이 난 김정은이 "똑같은 것을 (평양시 중심부) 창광거리에 십수 채 세우라"고 지시한 것이다. 현장을 수행하며 열심히 수첩에 받아 적던 평양시 건설 담당 비서는 엉겁결에 "자재가 부족하여 지시대로 진행하기 어렵다고 생각합니다" 라고 대답했다. 순식간에 김정은의 얼굴에 노기가 서렸고 이 서기는 즉각 처형됐다고 한다.

국정원도 2015년 4월 이와 비슷한 내용을 국회에 보고했다. 보고에 따르면 김정은은 2015년 1월 산림녹화 정책을 제대로 추진하지 못한 책임을 물어 임업성 부상과 최영건 내각 부총리를 숙청했다. 물 부족 등 구조적인 과제를 해결하지 않은 채 김정은이 내세운 산림녹화 사업을 추진하기에 의구심을 품은 것이 이유가 되었다고 한다.

2015년 2월에는 대동강 쑥섬에 건설 중이던 '과학기술전당' 설계 문제로 조영남 국가계획위원회 부위원장을 처형했다. 조 부위원장이 돔형으로 된 디자인을 보고하자 김정은이 무궁화 꽃 모양으로 할 것을 지시했다. 그 역시 "자재나 공사 기간에 문제가 생긴다"라고 직언을 한 게 화근이 되었다.

2015년 4월 모스크바에서 열린 전승 70주년 기념식에 특사로 다녀온 현영철 인민무력부장이 평양에 돌아온 직후 처형됐다.

한국 정부 관계자에 따르면 김정은은 현영철이 모스크바로 출발하기 전 러시아와 협의해 무기와 에너지를 포함한 많은 경제 지원을 이끌어내도록 지시했다. 이에 현영철은 러시아 출장 중 "아무리 그래도 그렇게 많은 지원을 받을 수 있을 리가 없지 않은가"라고 넋두리를 늘어놓았다고 한다.

이 푸념이 수행원의 귀에 들어갔다. 김정은의 지시에 대한 불평인 이상 이를 본국에 보고하지 않을 경우 자칫 자신의 목숨이 위태로워질 수도 있기 때문이다.

결국 현영철은 김정은이 직접 발탁한 인물이었음에도 순간의 방심으로 끝내 죽음을 면치 못했다.

장성택 처형의 내막

김정은이 일으킨 최대의 비극이 된 2013년 겨울의 장성택 전 국방위 부위원장과 그의 부하들에 대한 처형은 어떠했는가.

2013년 11월 30일 평양에선 아침부터 군과 정부 각 부서에서의 당국자들 사이에서 간담을 서늘케 하는 이야기가 들려왔다. 지난 밤사이 54국의 책임자와 부책임자가 공개 처형되었다는 것이다.

54국은 장성택의 주요 자금줄로 알려진 부서다. 김정일의 매제이자 최측근이었던 장성택은 2007년 북한 노동당 행정부장에 취임하자마자 군의 이권을 당으로 되돌리라는 김정일의 지시를 받고 행정부 산하에 54국을 편성하여 광물자원의 관리와 은행업무, 무역 등의 권한을 독점했다. 처형된 두 사람은 장성택의 측근인 행정부의 이용하 제1부부장과 장수길 부부장이었다. 이들은 술자리에서 취기가 오르자 "어디까지나 부장(장성택)을 따라 갑니다", "목숨을 바칩니다"라고 외쳤다고도 알려져 있었다.

다음날인 12월 초하루 또 다른 얘기가 들려왔다. 간밤에 6명이 처형됐다는 것이다. 이에 절망한 관계자의 자살도 잇따랐다. 지체된 사업에 대한 보고를 하면서 측근들이 "장 부장이 승인해 주지 않습니다"라고 해명한 것에 김정은이 격노하여 "치워 없애 버려라"고 소리쳤다는 얘기도 돌았다. 그 순간 북한 당국자들은 장성택 본인의 처형을 예감했다.

12월 8일 장성택은 모든 직책에서 물러났고 당에서도 제명됐다. 그리고 13일 북한 언론은 장성택이 12일 열린 국가안전보위부 특별군사재판에서 사형선고를 받고 당일 처형됐다고 발표했다. 장성택은 법정에서 "국가가 붕괴 직전에 이르면 모든 경제 기관을 내각에 집중시키고 내가 총리를 하려고 했다"고 말한 것으로 전해졌다.

한국 정부는 이 진술에 주목했다. 김정은과 장성택이 '역할 분담'에 합의했다는 정보를 사전에 입수하고 있었기 때문이다. 북한은 1980년대부터 경제난이 계속되면서 김일성도 김정일도 경제정책에 있어서는 전면에 나서려고 하지 않았다. 실정에 대한 책임을 지는 것이 부담스러웠기 때문이다. 그래서 경제 담당이라는 달갑잖은 역할은 늘 총리가 대신해 왔다. 김정일 시대에 이어 김정은 정권에서도 마찬가지로 별 볼 일 없는 경제현장 시찰은 '현지료해'(현장 시찰)형식으로 총리가 실시하고 있다.

장성택은 말년의 김정일로부터 스스로 주창한 선군정치로 비대해진 군과 국가안전보위부, 조직지도부의 권력을 견제하라는 명령을 받고 있었다. 물론 아들 김정은의 장래를 염려한 지시였다. 장성택이 54국을 만든 것도 군 등의 자금줄을 당으로 이양하기 위한 사전작업이었다. 장성택은 김정은과 상의한 후 김정은이 군과 외교 등 화려한 역할을 맡는 대신 자신이 골치 아픈 경제를 담당하기로 하면서 그때 총리 취임 얘기도 나왔다는 것이다. 북한 당국자들은 이러한 장성택의 행동을 보고 "같은 배에 탔다"며 수군거렸다고 한다.

나는 새도 떨어뜨릴 것만 같았던 장성택이 처형된 이면에는 위기감을 느낀 군과 보위부 등에서 "장성택이 경제를 담당하느니 하면서 자기 주머니만 채우고 있다"며 김정은에게 모함을 한 것도 있었지만, 무엇보다 김정은 스스로가 그런 장성택의 존재를 눈엣가시로 여겨 왔던 것 같다.

이에 한 북한 관계 소식통은 "북한에 2인자는 없다. 지도자와 지도를 받는 사람만 있을 뿐이다"라고 말한다. 김정은이 비록 아직 어리고 경험이 일천하지만 후견인과 같은 장성택의 존재는 용납할 수 없었던 것이다. 장성택은 마찬가지로 숙청된 현영철처럼 직접 김정은의 지시에 반하는 발언을 한 것은 아니지만, 그 존재 자체가 김정은에게는 "지시를 거역할 수 있는 인물"로 비쳤을 것이다.

당시 김정은에게 직언할 수 있는 사람은 장성택과 그의 아내이자 김정일의 여동생인 김경희 뿐이라고 했다. 김경희는 남편이 비명횡사한 이후로는 일체의 공적인 장소에는 일체 나타나지 않는다고 한다. 2015년 봄 평양을 방문한 유럽 학자에게 한 노동당 간부는 김경희가 건재하다는 사실과 한 달에 한 번 열리는 로열패밀리 등과의 집안 행사 외에는 어떤 모임에도 나오지 않는다는 사실을 전했다고 한다.

공포정치에 대처하는 그들의 자세

한국 정보기관에서 북한문제를 다년간 연구해 온
강인덕 전 통일부장관은

2016년 1월 조선중앙TV를 보며 "개인숭배가 어쩌다 이지경까지
왔나"하는 개탄을 금치 못했다.

화면에는 2015년 12월 3일 평양 4.25문화회관에서 열린 인민군 제4차
포병대회에서 황병서 인민군총정치국장이 의자에 앉은 김정은에게 무릎을
꿇고 오른손으로 입을 가린 채 보고를 하는 장면이 나오고 있었다.

그 순간 강 전 장관의 뇌리를 스친 것은 1972년 11월 남북 조절위원회
회의차 2박 3일간 평양을 방문했을 때의 광경이었다. 내각 청사에서 김일성
등과 오찬을 함께 했는데, 이동할 때는 김일성보다 앞서지 않도록 모두 조심하
는 모습이었다. 이후락 중앙정보부장과 본인을 비롯한 한국대표단 5명, 그리고
김일성과 김일 제1부주석 등 북한대표단 7명이 원탁에 둘러앉았다. 북한과
중국 음식을 절충한 요리가 나왔고 뱀술도 상에 올랐다.

식사 도중 무역에 관한 얘기가 나오자 김일성이 옆에 앉아 있던 김일에게
"한국의 무역은 어떻게 되고 있는가"하고 물었다. 그러자 그는 갑자기 벌떡

일어나더니 절을 하는 듯한 자세로 보고를 하기 시작했다

강 전 장관은 그 전에 김일성을 직접 본 적이 있었다. 평양제일고교 2학년이던 1948년, 방북한 한국의 독립운동가 김구를 고등학교에 데리고 왔을 때였다. 거만한 걸음걸이를 하고 있었지만, 정장 차림의 보통 신사라는 인상이었다. 강 전 장관은 1972년 또다시 목도한 김일성의 모습에서 "북한은 완전한 일인독재 체제가 됐다"고 확신했다.

그런 그에게조차 김정은과 황병서 이 둘의 모습은 충격적으로 다가왔다. "북한에서는 세세한 행동 규칙을 정하고 있다. 예를 들어 지도자 앞에서 이야기 할 때에는 침이 튀지 않도록 손으로 입을 가린다든지 하는 것 등이다." 그의 손동작은 바로 그것이었다. 그러나 김정은 앞에서 무릎까지 꿇은 모습에 놀라움을 금할 수 없었다. 정보 소식통에 따르면 북한은 일인 독재 체제를 공고히 하기 위해 일본이나 태국의 왕실 제도에 관한 자료를 수집, 어떻게 일반 대중의 지지를 얻을 것인가를 철저히 연구하고 있다고 한다. 이 소식통은 황병서의 자세에 대해서 "어디선가 본 적이 있는 광경이라고 생각지 않는가. 태국 국왕의 앞에서 무릎을 꿇고 보고하는 태국 각료들의 모습을 꼭 닮지 않았는가"라고 말한다.

또한 국가안보전략연구원 이수석 박사에 따르면 황병서는 군 내부에 '알았습니다'라는 노래를 보급하면서 김정은에 대한 맹종(盲從) 분위기를 조성하고 있는 것으로 알려졌다.

아마도 그는 김정은의 명령에 토를 다는 것이 곧 파멸에 이르는 길임을 몸으로 깨닫고 있는 듯하다.

Let sleeping dogs lie

미국의 코미디 영화 디 인터뷰(The Interview)는

김정은을 인터뷰하게 된 미국 TV 프로그램 제작자들이 중앙정보국 (CIA)으로부터 암살을 의뢰받는 스토리이다. 김정은은 폭군이지만 심약한 독재자로 묘사됐다. 2014년 말에 공개된 이 영화를 둘러싸고 북한은 몹시 흥분했다. 북한의 대남(對南) 선전용 인터넷 웹사이트 '우리민족끼리'는 「존엄 높은 우리 공화국에 대한 극악한 도발행위」라며 격분했고, 11월에는 배급사인 소니 픽쳐스 엔터테인먼트(SPE)가 대규모 사이버 공격을 받았다.

한편 북한 관계 소식통은 당시를 되돌아보며 "김정은에게 영화 내용을 다 보고하지 않는 편이 나을 뻔 했다는 얘기도 나왔다"고 말했다. 북한에서는 '최고 존엄'(김정은)를 모욕하는 행위는 최악의 적대 행위로 간주된다. 실제로 2016년 7월 미 재무부가 인권침해를 이유로 김정은을 처음 제재 대상에 포함시키자 북한은 외무성 성명을 통해 「미국의 제재를 선전포고로 간주하며, 조미접촉을 차단하고, 전시법을 적용한다」 라고도 했다. 김정은을 희화화한 내용의 영화는 어떤 의미에서 미국의 제재보다도 한층 질이 나쁘다고 할 수 있다. "영화를 만든 주모자 전원을 죽일 정도의 보복이 필요하다는 목소리도

높아졌다"고 했다. 한국 정부 관계자는 "북한은 김정은교(敎)를 믿는 집단이다. 지도자를 상하게 하고 잠자코 있다간 자신이 위험해지기 때문이다"라고 말한다.

2015년 4월 30일 뉴욕 유엔본부에서 한·미 유엔대표부가 공동 주최한 탈북자 간담회 'Victims' Voices: A Conversation on North Korean Human Rights 희생자의 목소리: 북한 인권 대화'에서 리성철 유엔 북한대표부 참사관이 준비한 성명서를 읽고 퇴장하는 소란도 일어났다. 이 배경에는 2014년 2월 유엔 북한인권조사위원회(COI)가 김정은의 제소까지 염두에 둔 인권침해에 관한 '최종보고서'를 발표한 것도 연관돼 있었다.

하지만 북한에는 영화를 둘러싼 사건을 두고 멀리 떨어진 미국까지 침투해 테러성 행위를 저지를 힘도 물론 없었다. 그렇다고 칼을 뽑아든 이상 호박이라도 잘라야 했다. 그 결과가 잇따른 도발적 언사와 사이버 공격이었다는 것이다.

그는 "그 후로 모두 앞날을 걱정하게 되었다"며 "섣불리 보고했다가 끝까지 복수도 할 수 없으면 자신이 위험하다. 될 수 있으면 보고하지 말고 그냥 놔두자는 경향이 강해졌다"고 말한다.

노동교화소의 참상

"북한 당국의
간부들과 모든 북한 주민 여러분!"

2016년 8월 15일 제71주년 광복절 경축사에서 박근혜 대통령은 북한을 향해서 이렇게 호소했다. 김정은 정권과 북한 간부 및 주민을 구분한 것은 처음이었다. 이어 10월 1일 국군의 날 기념사를 통해 박 대통령은 또 이렇게 호소했다. "북한주민 여러분들이 희망과 삶을 찾도록 길을 열어 놓을 것입니다. 언제든 대한민국의 자유로운 터전으로 오시기를 바랍니다." 한국 대통령이 북한 주민들에게 직접 탈북을 촉구하는 발언을 하는 것은 극히 이례적이다.

박 대통령은 이 연설에서 김정은 정권의 심각한 인권 침해 실태도 언급했다. 민심 이반이 있다고 본 발언이었다.

지난 2016년 4월 통일연구원이 탈북자 약 200여명을 대상으로 한 설문조사를 토대로 발표한 '북한인권백서'에 따르면 북한에 있는 총 5개의 수용소에는 최소 8만 명에서 최대 12만 명 정도의 정치범들이 수용되어 있는 것으로 알려졌다.

5곳 중 구금 시설인 함경북도 청진에 있는 '25호 관리소' 이외의 4곳은 주변을 철조망 등으로 격리한 마을로서 존재하며 가족도 동반하여 수용되는 사례도 눈에 띈다.

북한은 당초 적대 정치 세력만 수용했으나 점차 체제를 비판하거나 탈북을 시도하는 사람도 수용하게 되었다. 수용소 내에서는 강제 노동이나 고문이 일상화되고, 열악한 위생 환경과 식량 부족 등 심각한 인권 침해가 빚어지고 있다고 한다.

또 북한에선 최근 탈북 행위에 대한 적발도 엄격해지고 있다. 이제까지는 단기 수감시설인 '노동단련대' 6개월 형 정도에 그쳤지만, 2014년경부터는 '노동교화소'에서 3~5년 동안 강제 노역을 부과 받게 되었다. 통일부에 따르면 한국에 입국한 탈북자는 김정일 정권 말기인 2009년에 2,914명을 기록, 김정일이 사망한 2011년에도 2,706명에 달했지만, 김정은 정권이 들어선 직후인 2012년 1,502명으로 급락한 이래 연간 2천 명이 채 안 되고 있다.

김정은은 북중 국경지대에 철조망을 설치하는 한편, 매주 토요일에 열리는 '생활총화'라 불리는 정치교육 집회에 출석도 엄격화했다. 김정일 정권 말기에는 돈만 내면 이런저런 핑계를 대고 쉴 수도 있었지만 이제는 중병에 걸렸거나 특별히 중요한 공무가 아닌 한 의무적으로 참석해야 한다. 김정은은 「북한 내 어디서나 바늘 떨어지는 소리라도 장악하라」고 강조한다. 정권을 비판하는 내용의 낙서가 발견되고 범인을 찾지 못하면 주변지역의 주민 전원이 연대책임을 져야 한다.

2015년 10월에 노동당 창건 70주년 기념행사가 있었는가 하면 그 이듬해 5월에는 36년 만에 열린 제7차 조선노동당 대회가 이어져 그 사이에는 무보수로 잔업을 강요하는 '70일 전투'와 '200일 전투'가 계속됐다. 주민들은 이른 아침부터 밤늦게까지 노동에 시달리기 때문에 딴 생각을 할 겨를이 없다.

기념행사 때는 매스 게임 및 대규모 행진 행사가 있기 때문에 일사불란한 움직임을 강요받는 훈련을 통해서 사상 교육이 더욱 진행된다. 간부라도 되면 지방의 협동농장 등에서 강제 노동을 하며 반성토록 하는 '혁명화교육'도 기다리고 있다.

엄격한 통제로 인해 정치판에 뛰어들고자 하는 사람은 점점 줄고 있다. 북한의 엘리트를 배출하는 김일성종합대학에선 예전에는 졸업 후 조선 노동당 중앙위원회에 들어가기를 열망하는 학생이 압도적으로 많았다. 그것이 출세의 등용문이었다. 하지만 요즘은 외화를 벌 기회가 많은 외교관이나 상사에 취직을 희망하는 학생이 늘어나고 있다고 한다. 정치에 발을 들이는 것은 그만큼 숙청 위험을 안게 되기 때문이다.

2014년경 한국에 입국한 전 노동당 간부는 "최근 당내에서도 책임부서나 김정은이 역점을 두는 정책에 관여하는 부서에서 일하기를 꺼려하는 간부들이 늘어나고 있다. 솔직하게 말하면 패배주의로 낙인찍혀 목숨이 위험할 수도 있기 때문에, 충성심을 의심 받지 않기 위해 건강상의 이유나 능력 부족을 핑계로 은근슬쩍 잘 피해가는 사람들이 많다"고 말한다.

쓸데없는 생각은 버려라

하지만 북한 관계 소식통은 이렇게도 말한다.

"분명 인권 침해가 심한 것은 사실이지만 북한 사람들 역시 만만찮다."

2016년 3월 18일 새벽 북한은 평안남도 숙천(肅川郡)에서 동해를 향해 노동 중거리 탄도 미사일 2발을 발사했다. 2발 중 1발은 공중에서 폭발했지만 나머지 1발은 약 800㎞를 비행해 일본 방공식별구역(JADIZ) 내에 낙하했다.

군사 소식통에 따르면 숙천으로부터 북서쪽 30㎞ 지점에는 노동 미사일을 격납하는 기지가 있는 등 일대가 중요한 군사 거점이 되어 있다. 항공기 기지가 3곳, 헬리콥터 기지가 1곳에 있다. 각 항공유의 비축 탱크가 있고 별도로 통괄한 비축 기지가 있다. 비축 기지에서는 각 기지의 훈련에 맞춰 항공유를 배급하는 시스템으로 되어 있다고 한다.

항공유는 북한에게 매우 중요한 자원이다. 한국 정부에 따르면 북한은 2012년경까지 중국으로부터 연간 4~6만 톤의 항공유를 수입해 왔지만, 북한의 3차 핵실험 이후 중국이 북한에 항공유 공급을 중단하면서 2013년에는 약 600톤으로 급감했다. 공군 훈련도 대폭 축소된 것으로 나타났다.

연료 부족으로 공군 전투기 조종사의 비행 시간은 한 달에 몇 시간 정도로 이착륙을 겨우 할 정도의 기량이라고 한다. 폭격과 공격 등의 훈련을 도상에서 실시하고 "이 정도의 고도라면 지상의 목표는 이 정도 크기로 보인다"는 식의 교육을 행하는 정도라고 한다.

그만큼 귀하고 부족한 항공유이기에 관리가 엄격함에도 불구하고 이를 훔쳐 사리사욕을 채우는 군인이 끊이지 않는다고 한다. 빼돌린 기름을 넘겨받아 팔아먹는 전문 브로커까지 있다.

군인들은 팔아먹은 연료 수지를 맞추느라 탱크에 물을 넣어 눈속임을 한다. 갑자기 훈련 지시가 내려올 때면 부랴부랴 '물탄 기름'을 여과해서 사용한다고 한다. 각 기지는 훈련 결과를 상부 기관에 보고해야 하는데, 훈련 횟수를 부풀려 항공유 소모량을 속이기도 한다. 발각되면 중형을 면치 못할 것을 알면서도 태연하게 범죄를 반복한다.

한편 2015년 11월 26일 판문점 북측 통일각에서 남북 당국회담을 위한 실무접촉이 열렸다. 이날 당초 오전 9시로 예정됐던 개회시간이 한 시간 이상 지체됐다.

원인은 북한 통신 설비의 고장이었다. 회의 전날 점검에서는 문제가 없었는데 당일 사용해 보니 접촉 불량으로 일부 스피커에서 소리가 나오지 않았던 것이다.

이때 수리를 맡았던 남북의 기술자가 대조적인 움직임을 보였다. 한국의 기술자는 마음이 급해졌다. "자신이 고치지 않으면 회담이 시작되지 않고 남북 관계에 영향이 생긴다"고 생각해 안간힘을 썼다. 여기저기 연락을 취하며 동분서주하는 한국의 기술자를 거들떠보지도 않고 북한 기술자는 대체 무엇을 하고 있었을까.

　북의 기술자는 "내가 전날 점검했을 때는 작동했다"며 "내 책임은 아니다"라고 되풀이할 뿐이었다. 표정에서도 긴장감은 찾아볼 수 없었다. 결국 한국 기술자가 애쓴 덕에 설비는 복구됐지만 북한 기술자는 끝까지 조치를 취하지 않았다고 한다.

　북한에서는 '쓸데없는 생각은 버리라'고 배운다. 지식도 없다. 자기 일만 하면 되므로 스트레스를 받지 않는다. 한 탈북자는 한국에 와서 처음에는 식당에 들어가는 게 싫었다고 한다. "메뉴를 보고 가장 싸고 맛있는 것을 고르려고 했는데 자꾸 실패했다. 옆 사람이 주문한 음식이 더 맛있어 보여서 화가 난 적도 있다. 북에 있을 때는 전부 국가에서 결정해 주었기 때문에 편했는데." 한국 정부 관계자는 "북한 지방에 가면 대머리나 백발인 사람을 좀처럼 보기 힘들다. 정신적인 여유가 있는 게 아닐까"라고 쓴웃음을 지으며 말했다.

조선자본주의공화국

1990년대 중반에 겪었던

'고난의 행군'이라 불리는 대기근을 극복한 북한의 생활은 아직도 어렵기는 마찬가지지만 분명 조금씩 나아지고 있다.

2015년 11월 실무접촉 당시 점심은 북측에서 준비를 했다. 판문점에는 조리 시설이 없기 때문이다.

북한이 내놓은 것은 도시락이었다. 좀 크다 싶은 상자에는 반찬이, 좀 작다 싶은 상자에는 밥과 샌드위치가 담겨 있었다. 식사를 마친 한국 대표단은 "그동안 먹었던 것 중에 가장 맛있었다"고 느꼈다고 한다.

한국 정부는 통상 평양 이외의 장소에서 회담을 할 때에는 위생에 신경을 많이 쓴다. 익히지 않은 음식은 식중독에 걸릴 위험이 높기 때문이다. 북측에서는 한국 대표단이 먹질 않는데 자기들만 식사를 할 수는 없으니 "정말 귀한 음식입니다", "맛있어요"라며 민물고기회 등을 억지로 권한다. 잘못 먹었다가 탈이 나는 경우도 흔히 있다. 한국 대표단은 서로 "배가 고파도 익히지 않은 것은 입에 대지 마라. 정 못 참겠으면 미리 과자를 먹던가, 식사 후에 지참한 컵라면을 먹어라"하고 조언하는 것이 일반적이었다. 밥도 보통 북한이 준비하는 경우는 묵은 쌀이라 퍼석하고 식어 있었다. 그런데 이날 북측이 제공한 도시락에 담긴 밥에서는 김이 피어올랐다.

김정은은 핵개발과 경제발전을 동시에 추진하는 이른바 '병진노선'을 주창하는 한편 '자력갱생'을 강조하며 기업소 등에 '독립채산제' 도입을 강요하고 있다. 그 대신 집단농장에서 일하는 사람들의 편성을 세분화하고 가족 중심으로 구성하여 '돈을 벌고 싶다'는 의욕을 자아냈다. 수확량이 기준에 도달한 경우 농민들이 남은 작물을 매매할 권리도 확대했다. 그동안 국가가 생산 품목을 일일이 지정했지만 최근에는 기업소에서 '만들고 싶은 물건', '장사가 될 만한 물건'을 생산할 수 있도록 했다.

빈부격차가 확대되고 도덕적 해이가 발생하는 한편 전체적인 경제 흐름은 낮은 수준의 성장을 지속하고 있다. "자유로운 터전으로 오라"던 박근혜 대통령의 부름에 쉽사리 응할 만한 상황이 아닌 것만은 틀림없다.

제4장

세계를
모르는 남자

불안한 고요

김정은은 2011년 말

권력을 승계한 이후 국제 외교무대에 거의 모습을 드러내지 않았다. 북한과 가장 가깝다고 하는 중국조차 김정은과의 회담에 나선 이는 2013년 7월 평양을 방문한 리위안차오(李源潮) 국가부주석과 2015년 10월 마찬가지로 평양을 찾았던 류윈산(劉雲山) 공산당 정치국 상무위원 단 둘뿐이다.

"외교에 전혀 관심이 없다"고 일컬어지는 김정은은 세계를 어떻게 바라보고 있을까.

2016년 9월 9일 오전 9시(평양시) 북한은 함경북도 길주군 풍계리 핵실험장에서 5차 핵실험을 감행했다. 숫자 9는 흔히 하는 화투놀이인 '가보잡기'에서 '갑오(아홉끝)'에 해당하는 가장 길한 숫자다.

9월 9일은 북한 정권수립일이고, 김정은 자신의 생일 또한 1월 8일로 두 숫자를 더하면 9이다. 김정일의 생일인 2월 16일, 2016년 당시 장거리 탄도 미사일을 발사한 2월 7일과 잠수함 발사 탄도 미사일을 발사한 4월 23일, 무수단 중거리 미사일을 발사한 5월 31일 등도 각 숫자를 모두 더하면

9였다. 9에 맞춘 것에는 과학적·군사적 합리성보다도 정치적 의도와 '길흉'를 우선시하는 개인 독재 국가인 북한 특유의 사정을 짐작케 했다.

이 5차 핵실험에서는 한 가지 흥미로운 현상이 일어났다. 2016년 1월 6일 실시한 4차 핵실험 당시 그토록 강조하던 김정은의 이름이 사라진 것이다.

북한은 4차 핵실험을 발표한 정부 성명에서 "김정은 동지가 조선 노동당을 대표해 2015년 12월15일 주체 조선의 첫 수소탄 시험을 진행할 데 대한 명령을 하달하신 데 이어 2016년 1월3일 최종명령서에 수표(서명)하시었다"고 전했다. 다음 7일자 노동신문은 최종명령서에 서명했던 김정은의 사진을 대문짝만하게 게재했다.

그런데 5차 실험 때 북한은 핵무기 연구소 이름으로「핵탄두의 위력 판정을 위한 핵폭발 시험을 단행했다」는 성명을 발표하는 데 그쳤다. 김정은의 이름은 일절 나오지 않았다.

핵실험과 관련해 김정은이 등장한 것은 실험에서 2주가 지난 22일이었다. 조선중앙통신이 김정은과 핵실험 성공에 공헌한 관계자들이 금수산태양궁전에서 기념사진을 찍었다고 보도한 때였다.

왜 이러한 변화가 생긴 것일까. 한국 정부는 이 배경에 대해 2016년 7월 6일 미국이 대북제재법(H.R. 757)에 따라 북한인권 침해자 제재 조치를 발표한 것과 관련이 있다고 보고 있다.

미 재무부는 이날 북한 인권 침해에 연루되어 있다며 김정은을 금융 제재 대상으로 지정했다. 미국 내 자산이 동결되는 한편 미국인과의 거래를 할 수 없게 되었다. 미 재무부는 제재의 이유로 북한에서 관리소라 불리는 정치범 수용소에 아이들을 포함한 8~12만 명이 수용되어 있다고 명기했다.

미국은 그동안 북한의 단체나 정부 간부들을 여러 차례 제재 대상으로 지정해왔다. 그러나 김정은에 대해서는 대상에서 제외해왔다. 한국 정부 관계자는 그 이유에 대해 "북한은 광신적인 종교 단체와 같다. 일인 독재 체제이므로 그 독재자를 타깃으로 하면 당연히 북한 주민들은 반발할 수밖에 없다. 관계가 극도로 악화하는 것은 불 보듯 뻔하기 때문에 일부러 피해온 것일 것이다"라고 말한다.

사실 미국 정부는 2016년 초봄까지만 해도 인권 침해를 이유로 한 제재를 추진하는 한편 김정은을 대상에서 제외하는 방안을 한국 측에 전했었다. 하지만 북한이 잠수함 발사 탄도 미사일(SLBM)과 미국령 괌을 사정권으로 하는 무수단 중거리 탄도미사일(사거리 3,000km 이상)을 차례로 발사하자 미국은 태도를 바꿔 김정은을 제재 대상에 포함시켰다.

이에 북한은 강력히 반발하며 7월 10일 유엔대표부를 통해 미국 측에 "지금부터 조미관계에서 제기되는 모든 문제들을 우리 공화국(북한)의 전시법에 따라 처리하게 되며 억류된 미국인 문제도 예외가 아니다"라고 경고했다. 특히 "우리의 최고존엄을 건드린 미국의 이번 제재조치를 사상 극악한 특대형 범죄행위로, 우리에 대한 선전포고로 간주한다"고 강조하며, "첫 단계로 조미사이에 유일하게 존재해 온 공식 접촉통로인 뉴욕조미접촉통로(뉴욕채널)를 완전히 차단한다"고 통보했다.

그러는 한편 김정은이 더 이상 몰리지 않도록 핵 실험을 직접 지휘했다는 흔적을 지우는 작업에 나선 것으로 보인다.

한국 정부의 분석에 따르면 김정은은 경험 부족과 젊음을 숨기려고 '담력'을 보여주는 것을 좋아하는 성격이라고 하지만 허세를 부리는 가운데 겁을 먹은 모습도 살짝 엿보이는 순간이었다.

러시아 전승절 불참의 속사정

2014년 가을 러시아는
외교 루트를 통해 김정은에게 접촉을 시도했다.

이듬해인 2015년 5월 9일 모스크바 붉은광장에서 열리는 승전 70주년 기념식과 열병식에 김정은을 초청하고 싶다는 것이다. 5월 9일은 독일이 제2차 세계대전 항복문서에 조인한 날이다.

당초 서방 외교단은 대수롭지 않게 여겼다. 외교 따위엔 별 관심이 없는 김정은이 중국이라면 몰라도 그다지 깊은 관계가 아닌 러시아를 첫 해외 순방지로 택할 일이 있으랴 하고 생각했다. 실제로 김정일은 2011년 8월, 러시아 동부 시베리아의 부랴트자치공화국 수도 울란우데(Ulan-Ude)에서 드미트리 메드베데프(Dmitry Medvedev) 러시아 대통령과 정상회담을 가졌을 때 최신예 전투기 등 군사지원을 요청했지만, 러시아 극동에서 북한을 거쳐 한국에 천연가스를 공급할 파이프라인 부설 사업에 협조를 끌어낸 것만으로 끝이 났다. 당시 러시아는 일부러 발전소나 민간용 헬리콥터 제조공장 등을 시찰지로 선택해 군사 지원을 할 의사가 없음을 간접적으로 표시하기도 했다.

다만 후술하겠지만 이 2014년 가을은 김정은이 중국에 대한 분노로 떨고 있던 시기와 맞아떨어졌고, 김정은은 러시아에 열병식 참석 의사를 밝혀왔다.

2015년 1월 말 러시아 드미트리 페스코프(Dmitry Peskov) 대통령 공보비서가 "북한이 김 제1위원장의 승전 기념행사 참석을 확인했다"고 전하자, 갑자기 서방 국가들의 움직임이 분주해졌다. 가장 당황한 쪽은 한국 정부였다. 한국 정부 내에서는 북한을 견제하는 차원에서라도 박근혜 대통령의 러시아 방문을 재고해야 한다는 의견도 있었다. 하지만 우크라이나 사태로 러시아와 대립하는 미국이 강력 반발하면서 대통령은커녕 외교부 장관 파견마저 보류됐다. 만약 여기서 김정은이 푸틴 대통령과의 관계를 공고히 하면 한국의 대북 정책이 약화될 것은 불 보듯 뻔했다.

한국 정보당국은 요원들을 모스크바 곳곳에 배치해 북측의 움직임을 살폈다. 조선 노동당 국제부와 호위사령부 요원들이 속속 모스크바에 나타났다. 국제부는 북한 지도자가 외국을 방문하는 경우 반드시 선점하고 방문지의 우호정당과 의제 등을 조정한다. 호위사령부는 지도자의 경호가 역할이다. 그들이 행사장인 붉은광장과 북한 대사관을 잇는 교통로 등을 조사하는 모습도 포착됐다. 한국 정부는 김정은의 동선을 확인하고 있는 것으로 판단했다.

동선 가운데 마지막까지 알 수 없었던 것은 김정은이 어디서 묵느냐는 것이었는데, 대사관이나 특별열차에서 숙박할 것으로 결론지었다.

그런데 행사가 9일 앞으로 다가온 4월 30일 페스코프 대변인은 "김정은이 모스크바 행사에 참석할 수 없게 됐으며, 외교채널을 통해 러시아 측에 이 같은 결정이 전달됐다"고 말했다. 불과 며칠 전인 4월 22일까지만 해도 유리 우샤코프(Yuri Ushakov) 러시아 대통령 외교담당 보좌관은 "북한 지도자에게 초청장이 보내졌고 여러 북한 인사들과의 접촉에서 김정은이 모스크바에

올 것이란 확인을 받았다"고 말한 바 있었다.

이 같은 소식에 관련 당사국들은 혼란에 빠졌다. 왜 갑자기 러시아 방문을 취소한 것일까.

러시아 정부는 열병식 전후로 북한이 장거리 탄도미사일 발사나 핵실험을 하지 않도록 손을 쓰고 있었다. 모스크바에서 김정은이 푸틴 대통령과 회담할 때는 북한의 핵개발 문제를 거론할 생각도 보였다. 한국 정부는 이에 김정은이 불만을 표시한 것 아닌가 추측했다.

한편 행사의 좌석 배치를 문제 삼은 것 아니냐는 관측도 있었다. 북한은 김정은이 러시아를 방문할 경우 최상급의 대우를 해줄 것을 요구하고 있었다. 이른바 '주빈 대접'이었다. 하지만 러시아가 관련국에 제시한 열병식 좌석 배치는 푸틴 대통령의 좌우 양옆에 시진핑 중국 국가주석과 나렌드라 모디 (Narendra Modi) 인도 총리가 서고, 김정은은 다음 순서로 되어 있었다. 이에 김정은이 화가 나서 취소를 했다는 설이 나왔다.

그리고 김정은의 대리인 자격으로 모스크바를 방문했던 현영철 인민무력부 장이 귀국 직후 처형됐다. 현영철은 러시아로 출발 전 김정은으로부터 "푸틴에 게 거액의 군사적 지원을 이끌어내라"는 명령을 받았는데, 방러 중 이에 불평을 늘어놓은 것이 김정은에 대한 반역으로 간주된 것이 원인이라고 한다.

대규모 행사까지 한 달도 채 남지 않은 상황에서 취소를 결정하고 전횡을 휘두르는 김정은의 무례함과 횡포에 국제사회는 놀라움을 금치 못했고, 북한 고위 간부들은 두려움에 떨었다.

미국의 굴욕

인질외교는
북한이 2009년 6자회담 불참을 선언한 이후

　미국과의 협상 과정에서 줄곧 취해 온 주요 전술 중 하나이다. 북한은 지난 2009년 3월 17일 북·중 접경지대에서 취재 중이던 미국의 커런트(Current)TV 소속 여기자 두 명을 구속하고 '조선민족적대죄'등을 적용해 12년의 노동교화형을 선고했다.

　다만 형(刑)집행은 하지 않은 채 평양 시내의 초대소에 감금했고, 이를 빌미로 8월에 빌 클린턴(Bill Clinton) 전 대통령을 평양으로 불러들였다.

　당초 북한은 오바마(Barack Obama) 행정부 내 현직 각료를 보내줄 것을 요구했지만, 인질 석방을 위한 정치적 협상에 나서기를 꺼려했던 미국은 클린턴이라는 카드를 선택했다.

　평양에 도착한 클린턴 전 대통령은 김정일과 회담하고 만찬을 함께 했다. 심각한 표정을 한 클린턴 전 대통령 일행과는 대조적으로 김정일과 핵심 측근들은 최고급 요리에 와인을 즐기며 매스게임인 '아리랑 공연'을 함께 보자고 권유하기도 했다. 북한은 여기자 2명을 석방했지만 북미 대화에 대한 제의는 일절 없었다.

그리고 김정일 사망 3년 후인 2014년 11월, 이번에는 제임스 클래퍼 미국 국가정보국(DNI) 국장이 북한에 들어갔다. 북한에 억류돼 있던 미국인 케네스 배(Kenneth Bae, 한국명 배준호), 매튜 밀러(Matthew Todd Miller)의 석방을 논의하기 위해서였다.

한국계 미국인인 케네스 배는 선교사로서 2012년 11월 북한 나선시에 체재하던 중 국가전복 음모죄 등이 적용돼 노동교화형 15년을 선고 받았고, 매튜 밀러는 2014년 4월 북한 입국심사 과정에서 정치적 망명을 요구하며 관광사증을 찢어 구속됐고 6년의 노동교화형을 선고 받았다.

이 당시에도 석방을 빙자한 협상을 꺼린 오바마 정부는 국무부가 아닌 클래퍼 국장에게 방북을 명했다. 북측에서는 김정은의 측근인 김영철 정찰총국 장과 김원홍 국가보위부장이 자리했다. 그들 역시 클래퍼 국장에게 식사를 대접하고 두 사람을 풀어줬지만, 주한미군과 한미동맹을 노골적으로 비판하는 등 사교와는 거리가 먼 호전적인 모습을 보였다. 이번에도 마찬가지로 북측의 북미대화 제의 같은 것은 없었다.

그리고 2016년, 북한은 마침내 억류한 미국인 둘의 영사 접견을 거부했다. 김정은을 제재 대상에 포함시킨 미국의 조치에 반발해 「모든 조미접촉을 완전히 차단한다」던 외무성 성명을 실천해 보인 꼴이다.

북한은 같은해 3월 미국 버지니아주립대 3학년이던 오토 프레드릭 웜비어 (Otto Frederick Warmbier)에게 15년의 노동교화형을 선고했다. 오토 웜비어는 1월 1일 양각도국제호텔에서 벽에 붙어 있던 정치 선전물을 떼어 기념품으로 갖고 오려다 예상보다 컸기 때문에 그대로 방치하고 떠나가는 모습이 감시 카메라에 찍혔다. 그리고 다음날인 2일 평양 국제공항에서 출국하려다

구속되었다. 또한 4월에는 국가전복음모 및 간첩 행위를 한 혐의로 억류하던 한국계 미국인 김동철 씨에게 10년 노동교화형을 언도했다.

미국은 북한에서 미국의 이익보호국(protecting power) 역할을 하는 스웨덴 대사관에 두 사람의 영사 접견을 의뢰했다. 그러나 북한은 초봄에 오토 웜비어와의 면회를 한번 인정했을 뿐 그 다음은 전혀 응하지 않았다. 미국은 북한 주재 스웨덴 대사를 통해 북한에 대해서 '영사 관계에 관한 빈 협약(Vienna Convention on Consular Relations)' 위반이라며 항의했지만 북한은 무시했다.

예전에도 북한은 오바마 대통령을 '원숭이'라고 조롱하는 등 도발을 이어왔지만, 2014년 말 영화 '디 인터뷰 (The Interview)'의 개봉과 김정은에 대한 제재 대상 지정을 기점으로 더 이상 통제할 수 없는 수준에 이르렀다.

같은 시기 미국이 우크라이나 사태와 이슬람국가(IS) 문제 해결에 골몰하고 있었던 것도 북한의 이러한 막가파식 행동의 한 원인이 됐다.

북한 노동신문은 2016년 2월 25일자 지면을 통해 「서울과 워싱턴을 불바다로 만들자」고 선동했고, 3월 26일에는 잠수함 발사 탄도미사일(SLBM)로 미국 워싱턴을 공격하는 영상을 공개하기도 했다. 또한 5차 핵실험 후인 2016년 10월 6일에는 외무성 대변인 담화를 통해 「우리와의 정치군사적 대결에서 련전련패한 패배자의 단말마적 발악에 불과하다」, 「오바마의 가긍한 처지」라고 미국을 비난하며 「미국은 가까운 앞날에 우리의 생명을 노린 저들의 창끝이 오히려 자기들의 숨통을 끊어놓게 되는 몸서리치는 현실에 직면하게 될 것이다」라고 위협했다.

미국은 결코 북한의 군사력을 두려워하는 것은 아니다. 통상병력이 북한을 압도할 뿐 아니라 북한이 핵무기를 사용한다면 토마호크 순항미사일과 잠수함 발사 탄도미사일(SLBM), 스텔스 폭격기 등으로 북한을 철저히 파괴할 것이다.

다만 지금은 그런 군사적 옵션을 취해야 할 정도의 위기가 아니라고 인식하고 있을 뿐이다. 아예 상대조차 하지 않는 것이다. 미 정부 관계자는 "김정은은 미국이 얼마나 무서운지 모르고 있다"며 경고를 보냈다.

만약 향후 북한과 미국이 다시 협상 테이블에 마주 앉더라도 김정은이 미국에 치러야 할 모욕의 대가는 결코 가볍지 않을 것이다.

시진핑에 뿔난 김정은

북한과 중국의 관계는
한국전쟁 이후 줄곧 '혈맹'으로 불리고 있다.

하지만 1960~70년대에 걸쳐 김일성이 중국과 소련 사이에서 독자외교 노선을 취하면서 북한과 중국의 관계는 소원해졌다. 김정일 또한 중국의 영향을 받은 정치세력의 확대를 견제하며, 결코 중국에 대한 경계의 끈을 놓지 않았다. 그러면서도 2001년 1월에는 상하이를 방문해 반도체공장과 증권거래소 등을 시찰하며 중국의 경제개혁정책을 배우려는 자세를 보였고, 그로부터 반년 후에는 경제관리개선조치를 단행하기도 했다. 중국도 나름 신경을 써서 김정일이 베이징을 방문할 때면 공산당 상무위원 전원이 차례로 맞이하며 예우를 다했다.

김정은도 당초에는 중국과의 관계를 중시하는 듯 보였다. 2010년 10월 북한을 방문한 저우융캉(周永康) 중국 공산당 정치국 상무위원은 김정은에게 '중(中)·조(朝) 간 전통적 우호가 대대손손 전해지길 기원한다'는 문구와 함께 김일성과 마오쩌둥(毛澤東) 주석이 환담하는 사진을 담은 장식물을 선물하기도 했고, 또한 2012년 7월에는 평양 시내에 새로 완공한 '능라인민유

원지'에 부인 이설주와 함께 나타난 김정은이 류훙차이(劉洪才) 북한 주재 중국대사와 사이좋게 놀이기구를 타는 모습이 조선중앙통신을 통해 보도되기도 했다.

비록 김정은은 2013년 2월 중국의 제지를 뿌리치고 3차 핵실험을 실시하기는 했지만, 한국전쟁 휴전60주년 기념행사에 참석하기 위해 평양을 방문한 중국의 리위안차오(李源潮) 국가부주석과 회담을 갖고 6자 회담 재개를 위한 중국의 노력을 지지한다며 한반도 평화와 안정을 위해 모든 당사국들과 함께 노력하고 싶다고 말하기도 했다.

그런대로 유지되던 북중 관계가 결정적으로 악화된 것은 2014년 7월이었다. 당시 시진핑 중국 국가주석은 대(對)한반도 외교의 첫 방문지로 평양이 아닌 서울을 택했다. 중국의 최고 지도자가 북한의 정상을 만나기 전에 한국을 방문한 것은 1992년 한중 국교 정상화 이후 처음 있는 일이었다. 시진핑 주석은 박근혜 대통령과 회담 후 "핵무기 개발에 확고히 반대한다는 입장을 재확인했다"는 공동성명을 발표하며 북한의 핵무기 개발을 정면으로 비판했다.

이에 격분한 김정은은 즉시 측근을 불러 중국산 제품의 수입금지와 조선중앙 TV에서 방영중인 중국 드라마나 영화를 중지할 것을 지시했다. 이에 측근 중 한 사람이 김일성도 중국과 소련 사이에서 독자외교를 펼쳤으며, 등거리외교(等距離外交)는 북한의 전통적 외교 전략이라며 우려를 표하자 김정은은 다짜고짜 그를 처형해 버렸다.

이후 북한은 이가 없으면 잇몸으로라는 식으로 러시아에 접근했다. 북한의 기념일에 시진핑 주석과 푸틴 대통령이 축전을 보내오면 푸틴 대통령의 축전은 노동신문 1면에, 시진핑 주석의 축전은 2면이나 4면에 싣는 등 중국을 노골적으

로 홀대했다. 김정은이 2015년 5월로 예정했던 모스크바 방문을 막판에
취소한 것도 한 장소에서 시진핑과 조우하거나 낮은 대우를 받는 것이 언짢았기
때문이라는 관측이 나왔다.

　시진핑 주석도 김정은이 썩 내키지는 않았지만 북한의 폭주만큼은 피하고
싶었다. '한반도의 평화와 안정', '대화를 통한 문제해결', '한반도비핵화'라는
'3대원칙'을 기반으로 하는 중국의 한반도 정책 가운데 중국의 경제발전과
번영을 위해서는 한반도의 평화와 안정이 가장 중요하기 때문이다.

　중국은 2015년 10월 북한 노동당 창건 70주년을 하나의 고비로 생각했다.
북한이 이 행사를 얼마나 중요시 했는가는 반년도 더 남은 시점부터 평양
시민들이 매스게임(mass game)이나 행진 연습을 시작한 것만 봐도 잘 알
수 있었다. 대규모 국가행사를 치르기 위해서는 외국 귀빈들이 필요할 터인데,
중국이 빠진 행사는 생각할 수도 없었다.

　결국 북한은 류윈산(劉雲山) 공산당 정치국 상무위원을 초대했고, 김정은이
평양에서 회담에 응했다. 류 상무위원은 회담에서 "중조친선관계를 특별히
귀중히 여기고 있다"며 시진핑 주석의 친서를 전달했고, 고위층 교류를 강화하
고 경제협력 등을 통해 "중조관계의 새로운 미래를 열어가길 바란다"고 강조했
다. 또한 중국은 반도 비핵화 목표를 견지한다면서 6자회담의 조기 재개를
촉구하기도 했다.

　하지만 김정은의 태도는 냉랭했고 "조선은 평화롭고 안정적인 외부환경이
필요하며, 반도 정세의 안정 노력을 기울이고 있다"라고 말할 뿐이었다.

　중국 공산당 기관지 인민일보는 10월 10일자 1면에서 김정은과 류 상무위원
이 웃는 얼굴로 악수하는 사진을 게재했지만, 같은 날 노동신문은 3면에서
다뤘을 뿐이었다.

어찌 됐든 이번 방북으로 류 상무위원도 한 가지 성과를 얻었다. 그것은 바로 김정은이 만든 북한판 걸그룹 '모란봉악단'의 베이징 공연을 성사시킨 것이다.

모란봉악단 공연 취소의 전말

2015년 12월
모란봉악단과 남성 군인들로 구성된

공훈국가합창단은 김기남 노동당 서기 등의 배웅을 받으며 평양역을 출발하는 국제열차를 타고 중국으로 향했다. 이 행사가 북중 관계 개선의 이정표가 되리라는 것은 자명했다.

두 악단은 12월 11일 베이징에서 리허설을 실시했다. 다음날인 12일부터 3일 간 국가대극원에서 열리는 공연티켓은 조기 매진되어 연장 공연까지 검토되는 등 분위기는 분명 더할 나위 없이 좋았다. 그런데 12일이 되자 두 악단은 돌연 공연을 취소하고 귀국길에 올랐다.

도대체 무슨 일이 있었던 것일까.

11일 리허설에서 사용된 배경 영상에는 2012년 12월 북한의 장거리 탄도미사일 발사실험 장면이 포함되어 있었다. 이를 확인한 중국은 미사일 발사에 대한 유엔 안보리 결의에 찬성 입장이었기에 영상의 삭제를 요구했다.

이에 북측은 과거 평양에서 공연할 때도 사용한 영상인데 중국이 이제 와서 삭제를 요구하는 건 이해할 수 없다며 반박했다. 악단의 연주 내용과

연출은 대부분 김정은이 지도한 것이기 때문에 함부로 변경할 수 없다며 한 치도 물러서지 않았다.

분명 중국도 처음에는 그다지 문제시하지 않았다. 하지만 12월 10일 김정은이 평양 평천혁명사적지 시찰에 나서 「우리 조국은 나라의 자주권과 민족의 존엄을 굳건히 지킬 자위의 핵폭탄, 수소폭탄의 거대한 폭음을 울릴 수 있는 강대한 핵보유국으로 될 수 있었다」라고 한 발언이 조선중앙통신을 통해 보도되면서 분위기가 일변했다.

당시 공연은 북한의 핵개발에 강한 불만을 내비쳐온 시진핑(習近平) 국가주석도 관람할 예정이었다.

초조해진 중국은 해당 영상을 삭제해 줄 것을 강경히 요구했다. 삭제하지 않을 경우 악단이 묵고 있는 호텔과 공연장을 오가는 버스의 제공을 중지하겠다고 통고했지만 북한은 요청을 무시했다. 교섭은 12일 오후까지 계속됐고, 중국은 삭제하지 않으면 시진핑 국가주석 등 지도부는 관람을 하지 않겠다는 최후통첩을 전했다. 결국 협상은 결렬되었고 두 악단은 짐을 싸 북한으로 돌아가 버렸다.

그로부터 3일 후인 12월 15일 김정은은 수소탄 실험 명령을 하달했다. 최종명령서에는 「2016년의 장엄한 서막을 첫 수소탄의 장쾌한 폭음으로 열어제낌으로써 온 세계가 주체의 핵강국, 사회주의 조선, 위대한 조선로동당을 우러러보게 하라!」고 쓰여 있었다. 그리고 이듬해인 2016년 1월 6일, 북한은 중국에 사전 통고 없이 4차 핵실험을 감행하고 말았다.

기로에 선 북중관계

**북한은 한술 더 떠
중국을 업신여기는 행동까지 보였다.**

2016년 2월 2일 우다웨이(武大偉) 중국 외교부 한반도사무특별대표가 평양 순안 국제공항에 도착했다. 한국 정부에 따르면 중국은 이미 수일 전 관계국에 우 대표의 방북 계획을 알려왔다. 하지만 같은 시기 북한은 2월 8일에서 25일 사이에 위성(사실상의 장거리 탄도미사일)을 발사하겠다고 국제해사기구(IMO)에 통보하며, 우 대표와 협의할 의사가 없음을 분명히 했다. 사흘간의 방북 일정을 마치고 4일 중국으로 되돌아간 우 대표는 베이징 공항에서 기자들과 만나 "해야 할 말은 했다"고 밝혔지만, 북한은 그로부터 3일 후인 7일 인공위성이라고 주장하는 장거리로켓 '광명성 4호'를 발사했다.

중국도 가만히 보고만 있지는 않았다. 두 달 후인 4월 8일 북한 해외식당에서 근무하는 종업원 13명(남성 지배인 1명, 여성 종업원 12명)이 집단 탈출해 7일 한국에 입국했다는 통일부의 발표가 나왔다. 이들은 중국 저장성(浙江省) 닝보시(寧波市)의 '류경식당'에서 근무하고 있었다. 지배인이 여권을 일괄 관리하고 있었기 때문에 통상적인 수속을 밟아 출국했다고 하지만, 중국이 여성 종업원들의 동태를 파악하지 못했을 리 없다. 대개의 경우 북한에 인도하거나 출국을 불허하는데, 이번엔 그냥 묵인하고 넘어간 것이다. 또한 중국은 북한이 36년 만에 개최하는 최대 정치행사인 제7차 조선노동당 대회에도 대표단을 보내지 않았다.

중국은 북한의 핵무기와 탄도미사일 개발에 속앓이를 하고 있었다. 한미 양국의 한반도 사드(THAAD·고고도 미사일 방어체계) 배치에 명분을 줬을 뿐만 아니라, 한국의 핵무장론까지 불을 붙였기 때문이다. 전부 중국의 안보환경을 위협하는 큰 골칫덩이들이다.

그해 5월 말 시진핑 국가주석은 제7차 조선노동당 대회 보고차 중국을 방문한 이수용 노동당 부위원장에게 "중대한 결정사항에 대해서는 의사소통을 꾀하자"는 한 가지 약속을 요구했다. 이 약속은 7월 말 라오스 비엔티안에서 열린 북중 외교장관 회담에서도 재확인되었다.

그리고 9월 9일 북한의 5차 핵실험을 얼마 앞둔 시점에 짙은 눈썹을 한 남자가 극비리에 중국 베이징에 도착했다. 김성남 북한 노동당 국제부 부부장이었다. 중국 공산당 중앙대외연락부의 카운터파트이자 '당 대 당 특수관계'를 희망하는 북한이 보낸 칙사였다.

한미일은 이 움직임에 관심을 갖고 지켜봤다. 북한이 얼마 전 중국과 한 약속을 이행하기 위해 간 것이라 생각했기 때문이다.

북한의 5차 핵실험 후, 북한이 과연 이를 중국에 예고했는가에 대한 주변국의 질문 공세에 중국은 북한에 대한 강한 불쾌감을 나타내면서도 "특별히 할 말은 없다"고 답했다.

답은 핵실험 당일인 9월 9일자 노동신문에 나와 있었다. 1면에는 푸틴 러시아 대통령으로부터 받은 정권수립일 축전이 게재되어 있었지만, 시진핑 주석의 것은 없었다.

    냉랭한 관계를 이어가고 있는 양국의 놓고 볼 때 김정은의 방중이 언제가 될지는 아직 미지수다.

위기로 치닫는 남과 북

"북한주민 여러분들이
희망과 삶을 찾도록 길을 열어 놓을 것입니다.

언제든 대한민국의 자유로운 터전으로 오시기를 바랍니다."

2016년 10월 1일 박근혜 대통령은 제68주년 국군의 날 기념사를 통해 이같이 말했다.

박 대통령은 기념사에서 "북한 당국과 군, 그리고 북한 주민들에게 북한 정권이 처한 현실을 명확히 알리려고 한다"고 강조하며 "핵과 미사일 능력을 과시하고 군사적 긴장을 높여서 정권 안정과 내부결속을 이루려 하고 있지만 이것은 착각이고 오산이다. 체제 균열과 내부 동요는 더욱 확대될 것"이라고 언급했다.

박 대통령은 대선후보 시절부터 '한반도 신뢰프로세스'를 대표적인 안보 공약으로 내세우며 상호신뢰를 바탕으로 한 문제해결을 강조해 왔다.

실제 2015년 여름 발생한 북한의 비무장지대 목함지뢰 도발 사건 때에도 극적인 '8.25합의'를 이끌어냈고, 같은 해 12월에는 남북 당국회담도 성사되는 등 자신의 주장이 틀리지 않았음을 증명해 보이는 듯 했다.

2015년 여름에서 가을에 걸친 이 시기야말로 박근혜 정부와 김정은 정권이 가장 가까이 접촉한 때였다.

그러던 2016년 1월 6일 북한이 또 한 번의 핵실험을 감행하면서 남북관계는 다시 격랑 속으로 빠지게 되었다.

북한은 목함지뢰 도발 사건으로 높아진 긴장을 해소하기 위해 황병서 군 총정치국장과 김양건 당 통일전선부장 겸 대남담당 비서를 판문점으로 급파했다. 한국이 강경한 태도로 사죄와 재발방지를 요구하며 합의할 수 없으면 돌아가라는 초강수에도 북한은 끈기 있게 대화를 이어갔다. 당시 한국 정부 내에서는 북이 우리 정책을 받아들였다는 이야기가 퍼졌고, 남북이산 가족 상봉행사와 남북 당국회담도 실시했다.

그런데 거기서 갑자기 튀어나온 것이 금강산관광 재개안이었다.

북한은 당시 외화 부족에 시달리며 1998년부터 2008년까지 약 4억 9천만 달러의 수익을 벌어들인 금강산관광 사업 재개를 갈망하고 있었다. 남북은 금강산 사업을 담당하고 있는 현대아산 관계자들을 2016년 1월께 방북시키는 안을 검토했고, 북측도 방북을 승인하고 김정은은 남북합의서에 서명까지 했다고 한다.

수렁에 빠질 뻔 했던 한국을 건져낸 것은 미국이었다. 당시 한국 정부는 미측에 북한의 태도가 확실히 달라졌고, 핵을 포기할 가능성이 있다며 핵 개발과 관련된 북한의 의사를 한번만 더 확인해 줄 것을 강력히 요청했다.

이를 수용한 미국 정보당국자들은 2015년 9월 추석 직전에 한국 오산공군기 지에서 군용기로 극비리에 평양에 들어갔다. 하지만 북한은 핵개발과 경제발전 을 동시에 추진하는 병진노선을 견지한다는 생각을 재차 강조할 뿐이었다고 한다.

또한 미국은 비슷한 시기에 함경북도 풍계리에서 핵 실험과 관련한 움직임도 포착했다. 오바마 대통령은 10월 18일 워싱턴에서 열린 한미정상회담 당시 박근혜 대통령에게 북한의 핵실험 징후가 있다고 전했다.

북한의 비핵화를 최우선 과제로 여겨왔던 박근혜 대통령은 체면을 구겼고, 결국 11월 현대아산 관계자의 방북방침을 취소하고 이를 북한에 통보했다. 12월 12일 남북차관급회담도 아무런 성과 없이 결렬되고 말았다.

기다렸다는 듯 김정은은 12월 15일 「2016년의 장엄한 서막을 첫 수소탄의 장쾌한 폭음으로 열어제낌으로써 온 세계가 주체의 핵강국, 사회주의 조선, 위대한 조선로동당을 우러러보게 하라!」며 군수공업부 문서에 서명, 2016년 1월 6일 4차 핵실험을 감행했고, 이에 박 대통령은 "광적인 무모함"등의 거친 표현으로 응수하며 대북 확성기 방송도 미군과의 사전협의 없이 재개했다.

북한도 이에 질세라 통일전선부 산하 조국통일연구원 백서를 통해 「박근혜 역도는 헛바닥을 나풀거리며 스스로 불러들인 화로 하여 가장 비참한 종말을 면치 못할 것」이라고 비난했다.

한국과 북한 간에는 공식 외교 루트 외에도 통일부와 노동당 통일전선부, 국정원과 국가안전보위부라는 복수의 라인이 존재했다. 이 중 통일부 라인은 북한의 김양건 통일전선부장이 2015년 12월 교통사고로 사망하면서 제대로 가동되지 않고 있다.

남북 이산가족찾기 사업과 금강산 및 개성관광, 그리고 개성공단 등을 통해 남북 대화를 추진하는 것이 주된 업무인 통일부는 북한의 잇따른 도발로 남북 교류협력 사업이 전면 중단되면서 사실상 개점휴업 상태다.

국정원과 북측의 국가안전보위부 라인은 소위 비밀접촉 루트로서 한반도 위기관리나 남북정상회담 추진의 핵심적인 역할을 담당해 왔다. 이명박 정부에서는 물밑에서 남북정상회담도 추진하는 등 일정 부분 역할을 다했지만, 2011년 초 북측 카운터파트였던 류경 국가안전보위부 제1부부장이 처형되면서 비공식 채널마저 모두 끊겨버리고 말았다.

제5장

김정은
참수작전

작전계획 5015

"핵 공격을 감행할 수 있는 능력이 강화됐을 수도 있지만
[핵 공격을 하면] 곧바로 죽을 것이다.

(Perhaps he's got an enhanced capacity to conduct a nuclear attack and then immediately die)"

2016년 10월 12일 대니얼 러셀(Daniel Russel) 미 국무부 동아태 차관보는 워싱턴에서 기자들과 만나 이같이 말했다.

미국이 김정은을 제거할 어떠한 계획을 갖고 있다는 말인가.

미국과 한국은 예전부터 숫자 '50'으로 시작되는 여러 가지 작전계획을 보유해 왔다. 5000번대는 미 태평양사령부(USPACOM)에 의한 작전을 의미한다. 1974년 처음 작성된 작전계획 '5027'은 한반도의 전면전을 전제로 한 작전계획이다. 한국전쟁 같은 대규모 군사 충돌이 일어나는 것을 상정하여 ① 북한 군에 전쟁 징후가 발생, ② 서울로 남하하는 북한군을 방어, ③ 한미 양국 군의 반격 ④ 평양 점령 및 북한 전역으로 진출, 4단계로 이루어진 것으로 알려졌다. 유사시 미국 본토와 주일미군 기지에서 병력 69만 명이 동원되어 한반도로 들어오는 시나리오였다.

시대와 더불어(시간이 흐르면서) 작전계획에 여러 차례 수정을 가해왔다.

먼저 1999년 북한의 체제붕괴에 대비한 작전계획 '5029'의 기본개념을 정리했다. 1990년대 중반 북한에서 발생한 심각한 식량위기를 계기로 만들어진 이 계획은 ① 대량 살상 무기 관리 불능 상태, ② 대량 난민 발생, ③ 기근 등 심각한 인도적 문제, ④ 북한 내 한국인 등을 대상으로 한 인질 사건, ⑤ 내전의 발생, 등을 상정했다. 작전계획 '5029'는 남북대화 노선을 취한 김대중, 노무현 정부 시절 지지부진해 오다가 2008년 출범한 이명박 정권 때 비로소 완성됐다.

또한 조지 W. 부시 정권 당시에는 물자부족에 시달리던 북한의 항공기 연료를 소진시키고 교란하기 위한 목적으로 남북 군사분계선 인근에서 불시 정찰비행을 되풀이하는 등으로 한 작전계획 '5030'도 마련됐다.

한편 전면전에 이르기 전의 국지전에 대비한 작전계획 '5026'도 만들어졌다. 이는 미군을 중심으로 북한의 중요 시설을 폭격하고 전쟁의 확대를 막는 작전으로 알려졌다.

그리고 근래 이러한 여러 작전계획에 대한 전면적인 재검토가 이루어졌다. 그것이 새로운 작전계획인 '5015'로서 그 번호에는 재검토에 이른 배경이 숨어 있다.

어째서 기존의 작전계획 번호보다 빠른 번호가 새 계획에 부여된 것인가. 군 소식통에 따르면 숫자 15는 당초 미군이 전시작전통제권을 한국군에 이양하기로 했던 2015년을 의미한다고 한다.

전시작전통제권이란 한반도 유사시 군의 작전을 통제할 수 있는 권리를 의미한다. 한국은 6.25전쟁이 한창이던 1950년 7월 맥아더(Douglas MacArthur) 유엔군사령관에게 '작전지휘권(Operational Command)'을 이양한 이래 전시에 자국군을 지휘할 수 없는 상태가 계속돼 왔다. 노태우 정부 시절인 1994년 평시 작전통제권이 한국군 합참으로 이양되기는 했지만 데프콘3(Round House) 이상이 발령되는 경우의 작전통제권은 여전히 한미연합사령관에게 있다. 자주국방을 호소한 노무현 정부와 국방비 증대에 고민하는 부시 행정부는 2012년 4월에 전작권을 한국군에 이관하기로 합의했지만, 천안함 폭침 사건 등 한반도의 안보 불안을 호소한 이명박 정부의 요청으로 전작권 전환시기를 다시 2015년 12월 1일로 3년 7개월 늦추기로 합의했다.

이후 박근혜 정부 들어 2015년 말로 예정됐던 이관 시기도 한국군이 연합방위를 주도할 수 있는 핵심군사능력을 확보할 때까지 전환 시기를 재연기하기로 합의하면서 계속 미군이 유지하게 됐다. 그러나 이명박 정부 때부터 2015년 환수를 목표로 한국군이 주체가 된 작전 계획 수립 작업이 실시됐다. 그 성과가 작전계획 '5015'인 것이라고 한다.

5015란 어떠한 계획인 것인가.

군사 관계 소식통은 말한다. "이제 어디를 둘러봐도 전면전 같은 건 일어나지 않고 있다. 제한적인 폭격 및 게릴라전, 테러 공격 뿐이다. 물론 전면전에 대한 대비를 게을리 해서는 안 되지만 그것만으로는 불충분하다는 것이 자명하다."

그 결과 기존의 다양한 작전계획을 종합하여 다시 만든 것이 5015이다.

특히 대규모 지상전보다도 게릴라전이나 국지전, 북한의 체제 붕괴에 대비한 작전을 이전보다 중시했다. 북한군이 기습 무력 도발 위주의 전력으로 변화해 온 것에 대처하는 동시에 암살, 유괴, 특정 시설 파괴를 임무로 하는 특수 부대를 중요시 한다. 전선을 넓히지 않고 희생자를 줄여 전비(戰費) 부담을 가볍게 하는데 목적이 있다.

생포와 핵무기 제거

김정은 정권하의 북한군은 재래식 무기의
현대화에 제동이 걸리며 군사력 저하가 두드러졌다.

최신예 전투기일지라도 30년도 더 된 노후 기종이다. 사정이 이렇다 보니 핵무기 등의 대량파괴무기(WMD) 개발이나 잠수함, 항공기로 한국에 잠입하여 암살 및 파괴 활동을 하는 특수부대 육성에 힘을 쏟고 있다. 국방부에 따르면 북한의 특수부대는 약 20만 명에 이른다. 작전계획 '5015'에 역점을 둔 것은 이러한 북한군의 전술에 대응하기 위한 것으로 보인다.

또한 주한미군 재편에 따른 부대 규모의 축소와 더불어 무인기나 특수부대를 활용하는 국지전으로 이행하고자 하는 오바마 정권의 의도도 깔려 있었다. 군사 관계 소식통에 따르면 국지전을 상정한 작전계획 '5026'은 당초 공중 폭격에 한정했으나, 미국은 이라크 전쟁과 이슬람 과격 무장단체인 IS대책의 교훈으로부터 공습만으로는 결정적인 승리를 가져올 수 없다고 판단해 특수부대도 참여시키는 전략으로 기울었다고 한다.

오바마 정권은 아프가니스탄, 예멘 등에서 희생자를 줄이는 무인기나 특수부대를 많이 활용했다. 한미 관계 소식통의 한 사람은 "미국은 전쟁을 한정적으로 수행하고 빨리 끝내고 싶은 것 같다"고 말한다. 부시 전 정부에서의 미군 재편으로 사실상 병력이 감축되었는데, 2003년에 약 3만 8천 명이었던 주한미군이 현재 약 2만 9천 명까지 줄어든 것도 이와 관련이 있다. 특수부대는 비합법적인 활동으로 국제적인 비판을 불러일으키는 한편, 전선 확대와 희생자를 줄여 전비(戰費) 부담을 가볍게 하는 효과가 있다.

이러한 전략 가운데 한미가 특히 중시하고 있는 것이 김정은의 생포나 살해, 그리고 핵무기 제거라고 한다. 궁극의 일인 독재 체제인 북한에서는 독재자의 존재나 의향이 전쟁의 귀추와 직결될 뿐만 아니라 핵무기는 한미 안보를 좌우하는 결정적인 카드이기 때문이다.

한미 양국 군은 2010년 8월 합동군사훈련인 '을지프리덤가디언(UFG)' 당시 김정일 생포 시뮬레이션을 실시했다. 당시에는 '5027'의 일환으로서 행해졌는데, 북한군의 한국 침공을 막고 평양으로 진격할 때 특수부대가 김정일의 거처를 파악하여 생포하는 것을 목표로 했다. 김정일, 김정은 모두 북한군 최고 사령관과 조선 노동당 중앙 군사 위원장을 겸하고 있기에 독재자를 다른 간부와 분리하는 것이 조기 승리의 관건이 된다는 것이다.

이러한 작전은 효과기반작전(EBO·Effects Based Operation)이라는 개념에 기초한 것으로, 정밀 폭탄과 정찰 위성 등의 최신 군사 기술을 활용하여 적의 치명적인 장소를 전쟁 초기부터 공격해 단기간에 승리하는 것을 목적으로 한다. 북한의 전쟁 수행을 어렵게 만드는 주요 공격 목표는 여러 가지겠지만, 김정은은 그 중의 최고 목표이다.

5015는 예정대로 2015년 봄에 완성됐고, 그 해 한미합동군사훈련인 '을지프리덤가디언'에서 '5015'를 사용한 훈련이 시작됐다.

러셀 차관보가 말한 "김정은은 죽게 될 것"이라는 발언에는 이러한 확증이 있었다.

한국 언론은 이 작전계획 '5015'의 일부를 '김정은 참수작전'이라 부르며 흥분했다. 이에 한미 군 당국은 당연히 "그러한 이름의 작전은 없다"고 부정했지만, 북한 인민군 최고사령부는 2016년 2월 23일 「우리 운명의 눈부신 태양을 감히 가리워보려는 자들을 가차없이 징벌해 버릴 것이다」라는 제목의 중대성명을 통해 「극악무도한 참수작전과 체제붕괴 책동은 우리에 대한 적대행위의 극치로 된다」라고 비난하며, 「'참수작전'과 '족집게식타격'에 투입되는 적들의 특수작전무력과 작전장비들이 사소한 움직임이라도 보이는 경우 그를 사전에 철저히 제압하기 위한 선제적인 정의의 작전수행에 진입할 것이다」라고 표명하는 등 '참수'라는 표현이 남발하고 있는 실정이다.

또한 복수의 군사 관계 소식통에 따르면 북한이 핵무기나 핵물질을 통제할 수 없게 될 경우 한미 양국 군은 유엔 결의 등의 절차를 거치지 않고 행동을 개시해 북한 영내로 들어간다. 대량 살상 무기가 유출될 가능성이 나타난 이상, 유엔 헌장에서 규정하고 있는 자위권을 주장할 수 있다고 판단하고 있기 때문이다. 미군의 대량 살상 무기 제거 전문 부대가 수색·관리를 맡고 한국군이 이를 지원하는 방안을 상정하고 있다고 한다.

김정은 참수작전

과연 러셀 차관보가
경고한 대로 김정은을 제거하는 것이 가능할까.

2011년 5월 1일 오바마 미 대통령은 백악관에서 가진 기자회견에서 9·11 테러를 주도한 알카에다 지도자 오사마 빈 라덴(Osama bin Laden)의 사망 사실을 공식발표했다. 오바마 대통령은 빈 라덴이 파키스탄의 수도 이슬라마바드 외곽 아보타바드(Abbottabad)에서 미군 특수부대의 작전과정 중 사살됐다고 밝혔다.

미 정부는 파키스탄 당국의 협조를 얻어 2010년 9월 빈 라덴이 파키스탄에 은신하고 있는 것을 파악했다고 한다. 이 과정에서 미 중앙정보국(CIA)에 협력하고 있는 파키스탄인 의사를 통해 소아마비(polio) 예방접종을 가장하여 빈 라덴의 가족들로부터 DNA 샘플을 채취한 것으로 알려졌다. 빈 라덴이 숨어있는 것으로 추정되는 지역에서 무료 예방접종을 권유하자 모두가 흔쾌히 응했던 가운데 접종을 하지 않은 가족이 있었음에 주목하고, 거기서 수사의 그물망을 좁혀 갔다는 증언도 있다. 그리고 야간을 틈타 레이더에 잡히지 않는 헬기를 이용한 미 특수부대가 빈 라덴의 은신처를 습격한 것이라고 한다.

어찌 됐든 미국이 빈 라덴의 소재를 밝혀내는데 있어서 이 지역을 관할하던 파키스탄 정부의 협력을 얻어내는 것이 가능했다.

하지만 김정은의 경우 거점으로 하는 관저나 특각(별장)이 여럿인데다, 평소에도 그곳에 접근하는 것은 허용되지 않는다. 접근할 수만 있다면 김정은의 움직임을 어느 정도 파악하는 것이 가능하겠지만, 현 시점에서는 정찰위성이나 U2 고고도 정찰기, 통신감청 등을 통해 수집된 정보가 고작이다.

김일성, 김정일 시대에는 현지시찰을 하는 경우 약 6개월 전부터 시찰 대상지에서는 준비가 시작되고 한 달쯤 앞두고는 지역 주민들도 '1호 행사'(최고지도자가 참석하는 행사)가 가까워 왔음을 느낄 수 있었다고 한다. 그러나 김정은 정권에 들어와서는 1호 행사를 사전에 알고 있는 사람은 극히 일부로 제한될 뿐더러 시찰하는 시설에서 일하는 사람이라도 김정은의 동선에서 떨어진 부서에 있는 사람은 행사가 있는 것도 모르는 경우도 있다고 한다.

일반적으로 관저와 봉화진료소 등 김정은이 드나드는 시설은 전부 일대의 통행이 통제되어 북한 주민이라 할지라도 그의 동선을 절대 파악할 수 없는 구조로 되어 있다.

매년 1월 1일과 광명성절(김정일 생일, 2월 16일), 태양절(김일성 생일, 4월 15일)이 되면 김정은은 0시를 기해 김일성과 김정일의 시신이 안치된 금수산태양궁전을 찾기도 하며, 비행기를 선호하여 시찰지에 비행기로 이동하는 경우도 종종 있다.

하지만 계속된 핵실험과 탄도미사일 발사로 국제사회와의 긴장이 고조된 2016년에 들어서는 그러한 행동도 급격히 줄어들었다.

물론 그렇다 하더라도 한국과 미국의 정보자산을 총동원하면 김정은의 동선은 이내 파악하는 것이 가능하다. 지난 2015년 12월 말 잠수함 발사 탄도미사일(SLBM) 발사에 실패했던 북한은 이 사실을 일절 공개하지 않았지만 한미 양국은 당시의 상황을 실시간으로 파악하고 있었으며, 심지어 미사일 발사 실험이 행해지던 해역에서 소형 선박을 타고 시찰하는 김정은의 모습도 포착하고 있었다.

한국 육군 특수전사령부는 2015년 9월 23일 국회 국방위원회 국정감사 업무보고 자료에서 '전략적 핵심 표적' 파괴 임무를 수행하는 특수부대의 편성을 추진하고 있다고 밝혔다. 북한에 치명적인 타격을 가하는 것을 목적으로 김정은의 신병 확보와 북한의 중요 군사 거점 등에 대한 공격을 상정한 것이다. 그러나 한국군의 경우 스텔스 기능이 탑재된 항공기도 없고 빈 라덴을 제거한 미 특수부대에 필적할 만한 기량을 지닌 부대를 육성하는 데는 아직 시간이 걸린다.

만약 미군이 스텔스 전투기 F-22 랩터, B-2 스텔스 폭격기 등으로 북한에 공격을 가한다면 제아무리 고슴도치처럼 무장한 북한이라고 해도 이를 막는 것은 쉽지 않을 것이다.

여기서 문제가 되는 것이 북한의 보복이다. 북한은 국토 전역을 세분화하여 저마다 독자적으로 행동할 수 있도록 군사 시설과 식량 저장고, 의료 시설 등을 갖추고, 통신망이 끊겼을 때를 대비해서 일정한 지휘 권한을 현지 사령관에게 부여하고 있다고 한다. 설사 김정은을 제거하는데 성공한다 할지라도 그 밖의 지역에서 보복에 나설 가능성이 높다.

한미 관계 소식통에 따르면 1994년 당시 미국 빌 클린턴 정부는 북한 영변의 5MWe 원자로 시설에 대한 폭격, 이른바 서지컬 스트라이크(surgical strike)를 검토한 바 있었다. 이때 북한이 군사적 보복 행동에 나서지 못하도록 동시에 제압해야 할 거점을 헤아려봤더니 그 수가 무려 2천 곳에 달했다고 한다.

한 전직 한국군 장교는 "토마호크 순항미사일과 폭격기 공격을 집중해도, 완전히 제압하는 데는 몇 시간이 아니라 며칠이 걸릴 수도 있다"고 말한다.

한편 주한미군 특수작전사령부(USASOC) 대령 출신으로 조지타운대학 전략안보연구소(CSS) 부소장인 데이비드 맥스웰(David Maxwell)은 조지 W. 부시 행정부 시절 백악관으로부터 호출을 받았다. 그 자리에서 정부 고위관료들로부터 핵무기 제거 작전이 가능한지에 대해 질문을 받은 그는 불가능하다고 답변했다고 한다. 그는 "핵의 소재를 알 필요는 있지만 북한에는 적어도 5천 개나 되는 지하시설이 있다. 또 레이더와 방공무기를 무력화시키는 공격도 필요하다"고 말했다. 다른 관계자는 "현시점에서 한반도를 둘러싼 군사적 균형은 한미가 압도적으로 유리하다. 그런 상황에서 무리하게 위기를 자초할 필요는 없으며, 미국 역시 그런 위험한 행동은 결코 하지 않을 것"이라고 했다.

결국 김정은에 대한 참수작전은 전면전도 불사할 만큼의 위기가 닥쳤을 때에나 있을 법한 얘기다.

킬체인(kill chain)의 실현가능성

2016년 10월 7일 이순진 합참의장은

"이제는 선택과 집중이 중요하다"며 북한의 핵과 미사일 위협에 대응하는 것을 최우선 과제로 삼겠다고 밝혔다.

합참은 이에 앞선 9월 9일, 북한의 5차 핵실험 직후 열린 국회 국방위원회 긴급현안보고에서 ① 북한의 미사일 공격 징후가 명확할 경우 이동식발사대, 관련 고정시설 등을 발사 이전에 타격하는 '킬체인', ② 북한에서 발사되어 우리 측으로 날아오는 미사일이 지상에 도달하기 전에 첨단 대탄도탄미사일로 요격하는 한국형 미사일방어체계인 'KAMD', ③ 최종적으로 핵공격을 받았을 경우 북한 지도부를 직접 겨냥해서 응징 보복하는 'KMPR', 3가지 정책을 실시하겠다고 언급했다. 이후 북한의 핵·미사일 위협이 고조되면서 한국형 3축 체계의 구축 시기를 2020년대 중반에서 초반대로 앞당겼다.

하지만 예비역 장성 및 군사전문가들은 이구동성으로 "그런 일이 가능한가" 라고 현실성에 의문을 제기한다.

킬체인(Kill Chain)은 흔히 이야기하는 선제공격(preemptive attack)을

의미한다. 아직 공격하지도 않은 상대에 대해서 먼저 무력을 행사하는 것은 국제사회의 비난 여론을 불러올 수 있다. 이라크 전쟁을 수행하던 조지 W. 부시 정권이 바로 그러했다. 이른바 '예방 공격(preventive attack)'은 국제법 위반이라고 한다. 이 때문에 분명히 상대가 공격할 조짐이 있는 경우 정당방위로 인정하는 것이 선제공격이다.

그런 까닭에 이 수단은 북한군이 한국을 공격할 것이 확실치 않으면 사용할 수 없다. 하지만 그런 빠듯한 순간에 반격할 수 있을까.

2016년 9월 5일 정오가 조금 넘은 시각, 북한은 황해북도 황주 인근 평양-개성 간 고속도로에서 스커드-ER 탄도미사일(최대사거리 1,000㎞) 3발을 발사했다. 첫 발을 쏜지 30초 만에 1초 간격으로 두 번째, 세 번째 미사일을 연달아 발사했다.

미사일이 낙하하기 몇 시간 전, 일본의 10만톤 급 LNG유조선이 낙하지점의 남쪽 약 70킬로의 해역을 북미 쪽에서 한반도를 향해 항해하고 있었다. 당시 북한은 사전 항행 경보를 내리지 않았다. 또한 위성 추적이 어려운 야간에 발사지점 인근의 탄도 미사일 기지에서 이동식 발사대로 스커드-ER을 이동, 고속도로상의 터널에 숨긴 뒤 발사 직전에 기체를 꺼냈다. 이 경우 터널에서 이동 발사대를 끌어내 고정하고 발사할 때까지의 시간이 '선제공격'에 허용된 시간대이다.

북한의 경우 이 동작을 완수할 때까지 1시간이 채 걸리지 않는다고 한다. 적어도 이 당시 한미일은 발사 직전의 움직임을 포착하지 못해 이 유조선을 비롯한 인근 해역을 운항하는 선박들에 경보를 보낼 수 없었다. 가령 파악한다 하더라도 북한군이 정말 한국을 공격할지는 또 다른 문제이다.

또 북한군은 이동식 발사대(TEL) 수십 기를 보유하는 것으로 나타났다.

잠수함 발사 탄도 미사일(SLBM)의 실전 배치도 눈앞에 둔 것으로 알려졌다. 동시다발적으로 발사 태세에 들어갔을 때 어떻게 할 것인가. 하물며 미군의 정찰 위성, 고고도 정찰기 같은 최첨단 정보수집 자산도 없는 한국군이 독자적으로 이 킬체인 작전을 실행하는 것은 거의 불가능에 가깝다.

미사일 방어의 사각지대

KAMD는 또 어떠한가.

한국은 고도 30㎞ 정도까지 요격할 수 있는 M-SAM(중거리지대공미사일)과 고도 30~60㎞에서 요격 가능한 L-SAM(장거리지대공미사일)을 개발하고 있다. 여기에 기존의 지대공 유도탄 패트리엇(PAC3)이 더해져 다층 방어망을 구성하게 된다고 한다. 하지만 한국의 군사 전문가 대부분은 "미국에서조차 개발에 난항을 겪은 요격 미사일을 정말 독자 개발할 수 있을까"라며 고개를 갸웃한다.

그리고 설령 미사일 개발에 성공했다손 치더라도 북한의 미사일이 언제 어디서 날아오는지 알지 못하면 요격할 재간이 없다.

2016년 8월 3일 북한의 노동 중거리 탄도미사일 발사로 인해 한국의 미사일 방어 정보 수집의 사각지대가 여지없이 드러났다. 합참은 당초 발사체 개수를 1발이라고 밝혔지만 약 5시간 후 2발로 수정했기 때문이다. 북한은 3일 오전 7시 50분경 노동 중거리 탄도 미사일 2발을 연달아 발사했다. 한 발은 발사 직후에 폭발했지만, 나머지 한 발은 약 1,000㎞ 비행했다. 한국군은 오전 8시 40분이 지나 발사수를 1발로 발표했지만, 11시 20분이

지나 2발이라는 미 전략군의 발표를 듣고 오후 1시가 넘어서야 수정했다.

군사 관계 소식통에 따르면 북한이 탄도 미사일을 발사할 경우 미 조기경보위성의 적외선 센서가 열원을 탐지한다. 한국군은 미 오산 공군 기지를 통해서 정보를 획득하는데, 이 날 미군의 정보가 자동적으로 공유되고 있지 않는 허점을 드러냈다. 미사일이 수 킬로미터 이상 비행할 경우 한국군 자체 레이더로 항적을 파악할 수 있지만 발사 직후 폭발하거나 추락할 경우 추적이 불가능하다.

한국군은 2016년 말까지 미군과 북한의 탄도 미사일에 관한 정보 공유(데이터 링크)시스템의 전면 운용키로 했지만, 미군이 어디까지 응할지는 알 수 없다. 조기경보위성의 정보도 원래는 자동적으로 제공되어야 했던 것이지만, 이 일로 인해 "정보를 쥐고 있는 것은 미군이므로 우리는 알 수 없다"던 군사 관계자의 말을 여실히 증명했다.

한편 최후의 수단이라고 할 수 있는 KMPR(Korea Massive Punishment and Retaliation, 대량응징보복)은 어디까지나 '상호확증파괴(MAD/Mutual Assured Distraction)' 이론에 기초해 북한의 핵무기 사용을 단념시키기 위한 방법에 불과하다. 하지만 전 북한 정부 당국자는 "북한이 왜 핵무기를 개발하는 것인가. 체제를 유지하기 위해서다. 체제가 위기에 처하면 그들은 주저 없이 핵 발사 버튼을 누를 것"이라고 말한다.

과거 김일성은 당과 정부의 주요 간부들이 모인 앞에서 김정일에게 "미국과 싸워서 이길 수 있는가"라고 물어본 적이 있다고 한다. 그 때 김정일의 대답은 "조선이 없는 지구는 폭파해 버리겠습니다"였다.

한국 핵무장론의 재점화

2016년 5월 북한에서 36년 만에

제7차 조선노동당 대회가 열리고 있을 무렵 워싱턴에서 한미 통합국방협의체 회의가 개최됐다. 한미 간에는 여러 가지 안전보장회의가 있지만 이 회담은 주한미군 기지의 시설의 보수에서 한미 동맹의 큰 전략까지 외교·국방 당국자들이 머리를 맞대고 깊이 있는 이야기를 나누는 자리로 마련됐다.

미국 측에서는 데이비드 시어(David Shear) 국방부 아시아태평양 담당 차관보 등이, 한국 측은 류제승 국방정책실장 등이 참석한 이 회담에서 한국 측이 꺼낸 것은 한국에서 확산되는 핵무장론이었다. 극히 민감할 뿐 아니라 자칫 손을 잘못 대면 정치적으로 큰 파장을 부를 수 있는 문제이지만, 이 협상 틀이기 때문에 다룰 수 있었다.

한국은 1월 북한의 4차 핵실험을 계기로 한국에서 핵무장론이 확산된 것을 소개하며 신중히 이야기를 진행했다. 다만 미국이 이미 한국의 핵무장과 미군 전술핵의 한반도 재배치를 용인하지 않겠다는 입장을 거듭 밝힌 것을 한국 측도 충분히 이해하고 있었다.

이 자리에서 한국 측이 꺼낸 것은 '핵무기 공동관리(nuclear sharing)'였다.

표현은 아주 조심스러웠다. "한국 정부가 핵무장론이란 입장을 취하는 것은 아니지만, 핵무기 공동관리를 실현하면 국내의 핵무장론을 완화할 수 있을 것"이란 표현을 사용하며, 미국에 대한 요구라기보다는 상황 설명에 가까운 모양을 취했다.

미국은 1991년 당시 노태우 대통령의 「한반도 비핵화와 평화 구축을 위한 선언」을 계기로 주한미군의 전술핵을 한국에서 완전히 철거한 것으로 알려져 있다. 남북한은 같은 해 12월 31일 「한반도 비핵화 공동선언」을 발표했다.

한국이 염두에 둔 공동관리는 한반도에서 미국이 종래 취해 온 전술핵 관리를 더욱 발전시키는 것으로, 미국이 북대서양조약기구(NATO) 회원국과 시행하고 있는 전략이다. 냉전 당시 통상 병력에서 압도하는 소련군에 위기감을 느낀 독일 등은 미국 핵무기의 배치를 요청했다. 당시 독일에서도 지금 한국과 마찬가지로 핵무장론까지 제기됐다고 한다. 결국 오늘날 미국은 독일, 이탈리아, 벨기에, 네덜란드 등 4개국에 항공기 탑재형 핵폭탄을 배치하고 있다. 유럽 4개국은 토지를 제공하고 경비 등에 협력하고 있으며, 어떤 목표에 대해서 공동관리하는 핵무기 사용할 것인지 의견을 제시할 수 있다. 다만 이는 미군 혹은 NATO군의 핵무기 전술과 겹치지 않도록 하기 위한 참고 의견일 뿐 최종 결정권은 미국에 있는 것으로 알려졌다.

한국은 미국이 NATO 회원국의 핵무기 공동관리를 한국에도 적용할 가능성이 있는지 미국의 반응을 떠보고자 했다. 그만큼 한국 내에서는 북한의 핵개발에 대한 공포와 분노가 들끓고 있다.

원유철 원내대표를 비롯한 31명의 새누리당 의원은 「북핵 문제 해결을 위한 새누리당 의원 모임」 명의로 9월 12일 〈핵무장 등 모든 가능한 수단을 동원해 대한민국과 국민의 안위를 지켜야 한다〉는 성명까지 발표했다. 대통령 자문기구인 민주평화통일자문회의는 9월 「2016년 2차 통일정책 추진에 관한 정책건의」 보고서를 통해 미국 전술핵의 한반도 재배치 필요성을 청와대에 보고했다.

전술핵 재배치와 미중 갈등

미국도
가만히 손을 놓고 있었던 것은 아니다.

미국은 2010년 이후 한국과 일본 사이에서 확장억제(extended deterrence)를 둘러싼 정기 협의를 갖고 '핵우산'에 대한 신뢰를 높이는 노력을 계속해왔다. 미 전략군 기지를 공개하고 극비에 속하는 대륙간탄도미사일(ICBM) 발사 시스템(핵 버튼)을 내보이거나 핵무기를 사용하는 도상훈련에 참가시켜 왔다.

외교와 군사를 결합하여 전쟁의 발발을 막는 신속억제방안(FDO : Flexible Deterrence Option)도 반복 실시했다. 북한의 5차 핵실험 당시에도 미 태평양군은 4일 만인 9월 13일 '죽음의 백조'로 불리는 장거리 전략폭격기 B-1B 랜서를 한반도에 전개시켰다. B-1B 2대가 괌 앤더슨 공군 기지를 이륙해 평택 주한미군 오산 공군기지 부근을 저공비행했다. 이날 빈센트 브룩스(Vincent Brooks) 주한미군사령관은 기자회견을 갖고 "북한의 5차 핵실험은 절대 수용할 수 없는 위협이다. 우리는 한국 방어를 위한 확장억제 제공을 위해 노력할 것"이라고 강조했다.

이순진 합참의장은 10월 12일 미국 네브라스카주 오마하에 있는 전략사령부 (USSTRATCOM)를 찾아 세실 헤이니(Cecil D. Haney) 전략사령관(해군대장)을 만나 미국이 제공하는 확장억제의 실행력 강화방안을 협의했다. 합참에 따르면 이 의장은 B-2 스텔스 폭격기 등을 시찰했으며, 헤이니 사령관은 미국의 핵우산을 포함한 확장억제력을 제공할 확고한 의사를 밝혔다.

그럼에도 불구하고 한국에서는 "북한이 한국을 핵공격 할 경우 미국이 보복을 각오하고 북한을 핵공격 하지 않을 것"이라는 목소리가 높아지고 있다. 오바마 정권이 '핵 선제 불사용(No First Use)' 정책을 검토했다고 보도된 것과 트럼프 대통령이 선거 유세 당시 한국과 일본의 핵무장을 용인할 수 있다는 발언을 한 것도 이러한 우려를 증폭시키고 있다.

"NATO는 되고 한국은 어째서 안 되는가." 한국의 필사적인 자세에 미국도 위기감이 들었다. 구(舊)소련군과 달리 북한군은 취약하고 통상 병력이라면 한미연합군이 압도하고 있다. 지금 구태여 핵무기를 언급할 필요는 없다. 오히려 한국과 미국이 핵무기를 공동관리 하면 북한이 거세게 반발하고 협상을 통한 북핵 문제의 해결은 더욱 어려워질 것이 불 보듯 뻔하다. 그뿐 아니라 일본, 대만 등 주변국을 자극해 '핵 도미노 현상'이 일어날 수 있다.

미국은 이 협의에서 한국 정부에 오바마 정부의 '핵 없는 세계(Nuclear-Free World)'의 정책을 재차 설명하며 한국 측의 발언에 동의할 수 없다고 전했다고 한다.

한국은 그래도 포기하지 않았다. 그로부터 4개월 후인 9월 12~13일 양일간 서울에서 열린 한미 통합국방협의체에서 "미국이 '핵우산'을 반드시 제공한다는 확실한 보장이 필요하다"고 거듭 촉구했다.

하지만 미국은 한국 측의 요청에도 '확장억제'에 대한 협의를 이어가며 고고도 미사일 방어체계(THAAD)의 한국 배치 추진 등 기존 정책을 재확인했을 뿐, 전술핵 재배치 등 새로운 정책은 내놓지 않았다. 더욱이 성김(Sung Y. Kim) 미국 국무부 대북정책 특별대표는 13일 한미 회담 후 공동 기자 회견에서 "양국 정상뿐만 아니라 군사 전문가들도 전술핵 재배치가 필요하지 않다는 결정을 내렸다"며 논의에 종지부를 찍었다.

합동참모본부는 10월 7일 국회 국방위원회 국정감사에서 핵잠수함 도입에 대해서 "여러 측면에서 군사적 효용성, 기술적 가용성, 국방재정 여건, 주변국 동향 등을 종합 평가해 안보 상황과 연계해 적극적으로 검토할 필요성이 있다"고 답변했다. 미국이 한국의 핵무장과 미 전술핵 재배치를 거부하는 이상, 핵잠수함 도입론은 핵무장을 요구하는 국내 여론을 가라앉히기 위한 선택지로 부상하고 있다.

그러나 핵잠수함은 디젤 잠수함과 달리 정기적으로 노심(爐心)을 교환할 필요가 있는 등 유지비뿐만 아니라 보수 관리를 하는 시설 비용도 늘어난다. 가뜩이나 국방예산이 빠듯한 상황에서 '한국 핵무장'은 한국을 스스로 옥죄는 위험한 도박이기도 하다.

주한미군 후방이전

2016년 7월 18일,

경기도 평택의 주한미군기지인 캠프 험프리스(Camp Humphreys)에서 주한미군의 주력인 제2보병사단 8기병대대의 부대기 게양식이 있었다. 군사분계선 인근 동두천에서 평택으로의 첫 부대 공식 이전이었다. 현재 동두천과 의정부에 몰려 있는 미군기지는 차후 북한의 위협에 대비한 일부를 제외하고는 대부분의 부대가 2017년 말까지 평택으로 이전한다.

그런데 2만 8천여 명에 달하는 주한미군은 어째서 후방으로 이전하는 것인가. 일각에서는 북한군의 위협으로부터 벗어나기 위한 것이라는 설도 있지만 그것은 사실이 아니다. 북한은 이미 다수의 탄도 미사일을 보유하고 있는데다 최신형 다연장로켓으로 평택을 직접 타격할 수도 있기 때문이다.

주한미군의 의도를 푸는 열쇠는 바로 '전략적 유연성(strategic flexibility)'에 있다. 이는 남중국해와 동중국해 등 아시아 각지에서 미국과 중국의 대립이 격화되는 가운데 그동안 북한의 위협에만 대비해온 주한미군을 여타 지역으로 전개하는데 목적이 있다. 실제로 평택은 황해로 즉시 빠져나갈 수 있는 장소에 위치하며 바로 옆에는 오산 미 공군 기지도 있다.

이 구상은 이미 15년 전부터 있어왔다. 조지 W. 부시 정권이 주한미군의 후방 이전과 재배치를 결정한 배경에는 2001년 9월 미국에서 발생한 동시다발 테러가 있었다. 국방비의 대폭 증액을 기대할 수 없는 가운데 전 세계에서 일어날 수 있는 위기에 탄력적으로 대응할 필요가 있다고 판단한 미국은 한반도 유사사태 발생만을 대비하던 주한미군의 해외 전개도 상정하기 시작했다고 한다.

주한미군은 2011년부터 한반도 이외 지역에서의 군사훈련에 참가하며 타국 군대와 연계하는 능력을 키워왔다. 또한 2015년 여름에는 미 육군 제2사단 예하 전투 여단의 병력을 주기에 따라 순환배치 하도록 했다. 미군은 궁극적으로 주한 미군을 대구, 왜관, 평택, 오산, 칠곡 등 총 5곳을 중심으로 재편하겠다는 계획이다.

물론 당면한 최대 위협은 북한이다. 미국은 최후까지 한미동맹을 사수하려 하겠지만, 트럼프 대통령은 선거기간 중 주한미군 방위비 분담금 인상을 요구했고, 주한미군의 철수까지 언급하기도 했다.

트럼프 행정부가 '신(新)고립주의'와 '미국 우선주의(America First)'를 내세우면서 한국 내에서는 아시아 자유진영의 최전선을 한반도 이남으로 설정한 '애치슨라인 (Acheson line)'이나, 동맹국들의 안전보장을 위한 군비를 당사국 정부에 더 많이 부담시키는 '닉슨 독트린(Nixon Doctrine)'의 재연을 걱정하는 목소리가 커지고 있다.

과거 7만 명에 달하던 주한미군의 규모는 현재 약 2만 8천 명까지 줄어들었다. 하지만 이 수는 앞으로 줄어들면 줄어들었지 늘어나는 일은 결코 없을 것이다.

16년 만의 '난수(亂數) 방송'

2016년 6월 24일 새벽 1시가 넘은 시각,

북한의 대외용 라디오 매체인 평양방송에서 갑자기 이상한 소리가 흘러나오기 시작했다. 「지금부터 27호 탐사대원들을 위한 원격교육대학 물리학 복습과제를 알려드리겠다」고 하고서는 십여 분간 마냥 '몇 페이지 몇 번'이란 숫자만 읽어 내려갔다.

7월 15일에도 유사한 방송이 나왔다. 이번에는 「27호 탐사대원들을 위한 원격교육대학 수학 실습 과제를 알려드리겠습니다」라며 전과 마찬가지로 책 페이지와 번호를 지목하는 숫자가 반복됐다.

흔히 'A-3 방송'이라 불리는 난수방송(亂數放送)이었다. 북한이 난수방송을 재개한 것은 2000년 6·15 남북 정상회담 이후 사실상 중단된 이래 16년 만의 일이었다.

북한은 과거 한국이나 일본에 침투한 공작원에게 라디오 방송으로 난수를 읽어 지령을 내리고, 공작원은 북에서 가져온 암호표와 조합해 그 내용을 확인하고 있었다.

한국 정보기관에서 북한 정보 분석을 담당했던 강인덕 전 통일부장관에 따르면 북한은 60~70년대 매일 두세 시간씩 난수표를 읽어 내려갔다. 그 이후로는 난수표가 아닌 이메일이나 오디오 파일에 비밀 지령을 숨겨 보내는 방식이 많이 사용되고 있다.

이 수수께끼 같은 방송을 놓고 '한국과 일본에 잠입한 간첩을 고무시키기 위한 목적'이니, '수십 년 전부터 잠복 중인 고정간첩을 위한 방송'이라는 해석이 분분했다.

한편 한 군사 관계 소식통은 "분명 북한은 스테가노그라피 (Steganography, 정보 은폐 기술)을 사용해 기밀 정보를 이미지나 음성파일 등 다른 정보에 숨겨 발신하고 있다. 하지만 아무리 발달한 은폐 기술이어도 이론적으로는 분석이 가능하다. 그러나 난수표는 암호를 푸는 데 필요한 코드북이 없으면 분석할 수 없다"고 말한다.

또한 최근 한국 정부가 북한 공작원을 적발할 때 유력한 단서가 되고 있는 것이 '위장 탈북'과 '메일'인 점도 무시할 수 없다고 한다.

한국 정부에 따르면 최근 5년간 한국에서 적발된 간첩의 90%가 '위장 탈북자'였다. 북한에서 특수 교육을 받고 한국 정부의 집요한 합동신문도 통과할 수 있게 이론으로 무장된 공작원이 속속 한국에 잠입하고 있다고 한다. 그래도 5천만이 넘는 인구에 비하면 탈북자는 3만 명에 불과해 한국 정부가 이들을 감시 하에 두는 것은 그리 어려운 일이 아니다. 또 공작 지시나 연락을 취하기 위한 수단인 전자 메일도 아무리 프리 메일을 사용하거나 스테가노그라피를 사용하더라도 송·수신 기록이 남게 되며, 전자 메일은 감청이 가능하다.

하지만 난수표 방송의 경우 누가 명령을 받고 있는지 특정하는 것은 불가능하다. 군사 관계 소식통은 "북한도 이 사실을 의식해서 원시적이긴 하지만 난수표를 병용하기 시작한 것 아닌가"라고 말한다.

그리고 한미일 안보 담당자들의 간담을 서늘케 한 사건이 일본에서 또하나 일어났다.

2016년 7월 16일, 야마구치현(山口県) 나가토시(長門市) 센자키(仙崎)항. 허름한 행색의 젊은 남자가 부두를 서성이고 있었다. 북한에서 온 탈북자였다.

경찰 조사에서 이 남성은 시청이 금지되어 있는 한국 드라마 등을 몰래 보다가 들켜서 탈북을 결심했다고 자백했다. 친척에게 부탁하여 어선을 타고 13일 함경북도 청진항을 출발해 15일 밤 센자키항 근처에서 바다에 뛰어들었다고 한다.

이에 놀란 것이 자위대와 해상 보안청 관계자였다. 그런 어선이 접근했던 것조차 전혀 파악하지 못했기 때문이다. 더구나 이 남자에 따르면 친척은 남성을 센자키항 근처에 떨구고 북한으로 되돌아갔다고 한다.

이 배에 탈북자가 아닌 무장공비를 태우고 있었다면 어떻게 됐겠는가. 야마구치 현에는 미군 기지도 있고 카미노세키(上関) 원자력 발전소 건설 계획도 있다.

새삼 북한의 위협이 핵과 미사일뿐만이 아니라는 경각심을 불러일으킨 사건이기도 했다.

제6장

치열한
생존의 현장

김씨 왕조 장수연구소

예로부터
진시황(秦始皇)으로 대표되듯이

　　독재자가 다다르게 되는 욕망의 끝은 '불노불사(不老不死)'라고
한다. 권력세습으로 '김일성 왕조'라고 희화화된 북한의 지도자들 역시 예외는
아니다.

　　탈북한 전직 북한 당국자에 따르면 북한 외교관들 사이에는 '아미산'이라
불리는 비밀 코드가 있다. 아미산은 몸에 좋다는 세계 각국의 특산품으로
중국의 제비집이나 스페인 오렌지 같은 것을 말한다. 북한은 지도자의 건강을
위해 세계 각지의 명품을 닥치는 대로 사들였다. 이 당국자는 "김일성과
김정일의 비서실 사람들은 어느 나라에 어떤 명품이 있는지 훤히 꿰뚫고
있었다"고 했다.

　　불노불사까지는 아니더라도 북한도 마찬가지로 장수 연구에 여념이 없었다.
북한에는 실제 '만수무강 연구소'란 것이 존재한다. 김형수 박사는 이 연구소에
서 1990년대에 일했던 탈북자다. 구 체코슬로바키아에서 유학을 한 대학
교수인 부친과 김형직 사범대학(역주 : 북한의 3대 종합대학 중 하나) 등에서 러시아어

와 영어를 배운 모친을 둔 생명공학 전문가이기도 하다.

김 박사는 1980년부터 1987년까지 김일성종합대학을 다니며 생명공학을 전공했다. 비록 고가의 실험 장비는 1960~70년대에 쓰던 소련이나 동독, 헝가리제였지만, 구미(歐美)나 일본의 학술논문을 통해 이론만큼은 완벽하게 이해했다. 그는 "탈북 후 서울대를 찾았지만 생명 화학 분야에서는 남과 북에서 가르치는 내용은 별반 차이가 없었다"고 말했다.

1990년 연구소에 들어간 김 박사는 "만수무강연구소가 정식 명칭은 아니고 총 3곳이 있다"고 밝혔다.

가장 역사가 오래된 곳은 1970년대에 김일성의 곁에서 식료품을 조달했던 인물(역주 : 금수산의사당 경리부장이었던 신상균으로 알려져 있다)에 의해 설립된 '기초과학연구소'이다. 다른 한 곳은 1987년에 창설된 '만청산연구원'으로 김정일이 기초과학연구소의 실권을 빼앗자 연구소의 창설자가 따로 연구원을 만들었다고 한다. 마지막 한 곳은 '청암산연구원'이다. 김일성이 세 곳을 하나로 통합할 것을 제안했으나 김정일은 "경쟁시키지 않으면 성과가 나지 않는다"며 거부했다.

김 박사는 만청산연구원에 소속되어 있었다. 평양시 보통강 구역에 위치하며 130명 가량이 일하고 있었다. 연구소에는 최첨단 설비가 갖춰져 있으며 1대에 20만 달러에 달하는 기기도 있었다고 한다.

북한에서 장수연구는 '호위과학연구', 연구진들은 '호위과학전사'로 각각 불렸다. '김일성을 최첨단 생물공학으로 호위한다'는 뜻이었다.

조직은 7부문으로 나뉘어 있었다. 제1실은 '검정분석실'로 아미노산과 호르몬 등 건강에 좋은 성분을 찾아서 분석하는 일이었다.

제2실은 '식품보약화실'로 식품 일체를 보약(건강보조식품)으로 만드는 연구 부문으로 김 박사도 여기에서 일했다고 한다. 그는 탈북 후 같은 일을 해보려고 했지만 한국에는 유사한 기관이 없었다고 한다.

김 박사는 "달맞이꽃이 동맥경화에 좋다고 하여 김일성에게 바쳤더니 김정일이 그것을 약품화하라고 지시한 일도 있었다"며, 전 세계 외교관들이 보내온 '아미산'을 약품화 하는 연구도 했다고 말했다.

김 박사는 "다만 사람이 하루에 몇 가지의 다른 약을 섭취하는 것은 어려운 일이다"라며 장수에 필요한 성분을 식품에 첨가하는 연구에도 매진했다고 한다. 제3실은 '생명공학실'로 이를 위한 유전자 조작 실험을 했다고 한다.

더욱이 북한에는 로열패밀리와 당 고위 간부만 이용할 수 있는 봉화진료소와 중간 간부용인 남산병원 및 일반 간부용 적십자병원 등이 있다. 특히 봉화진료소는 인근 도로를 통제하여 일반인들은 접근할 수 없으며, 당 중앙위원회 직속의 '보건 1국'이 러시아와 독일, 중국 등지에서 들여온 최첨단 의료장비와 약품을 갖추고 있다. 적십자병원에서는 김일성, 김정일과 연령 및 체질이 비슷한 사람들을 모아놓고 연구진들이 고심 끝에 개발한 각종 음식과 약물을 투여함으로써 장수효과를 측정하는 임상실험을 진행하고 있다고 한다.

살려야 한다

그럼 이 장대한
프로젝트의 성과는 어떠했을까.

한국 통계청에 따르면 최근 북한 주민의 평균수명은 남성의 경우 66세, 여성은 72세 정도인 것으로 나타났다. 김일성은 1994년 7월에 82세의 나이로 숨을 거뒀고, 김정일은 2011년 12월에 69세(추정되는 실제 나이로는 70세)를 일기로 사망했다. 일반 북한 주민들에 비하면 오래 살았다고 할 수 있을지 몰라도, 장수연구가 성공을 거두었다고 말하기에는 어려운 수치다.

실제로 김일성이 사망했을 당시 호위과학전사들을 향해 "연구를 많이 했다더니 어째서 이렇게 일찍 죽었는가?"라고 묻는 사람들도 많았다. 연구소는 항의하러 온 사람들에 둘러싸여 유리창이 깨지는 일도 발생했다. 이후 신변에 위협을 느낀 연구진들은 두 달 남짓 제대로 잠을 이루지 못했다고 한다.

김 박사는 다소 격앙된 말투로 이렇게 말했다.

"만약 김일성과 김정일이 우리가 연구한 대로만 했더라면 100살까지도 살 수 있었을 거다. 그런데 둘 다 양주를 맥주잔에 따라 벌컥벌컥 들이켰고, 간부들을 새벽 두세 시에 갑자기 불러내 술을 먹이기도 했다. 미국의 위협이나 체제 불안도 있고 해서 스트레스도 많았다. 아무리 좋은 차라도 관리를 잘 해야 오래 탈 수 있는 거랑 마찬가지다."

김정일은 2008년 8월 뇌졸중으로 쓰러졌다. 그 해에 업무에 복귀하긴 했지만 주변 관계국들의 관심은 김정일이 앞으로 얼마나 더 살 수 있을까 하는 점이었다.

미 중앙정보국(CIA)과 한국 정보당국은 김정일이 뇌졸중으로 쓰러진 직후 그의 CT(컴퓨터 단층촬영) 사진을 입수하여 여생이 3~5년이라고 판단했다.

김정일이 뇌졸중으로 쓰러진 후 평양으로 불러들여진 프랑스 군의관이 김정일의 두부(頭部)에 작은 구멍을 뚫는 수술을 집도했다. 중국 의료진에 의한 치료도 더해졌다. CIA 등은 입수한 CT 사진을 통해 김정일의 뇌 상태를 상세히 검토하고 3~5년 내에 뇌졸중이 재발할 가능성이 극히 높다고 결론지었다.

게다가 미국은 김정일이 중증 당뇨병을 앓고 있다는 사실도 알고 있었다. 한국의 한 전직 고위 관리는 "의학적으로 심한 당뇨병을 앓고 있는 환자에게서 뇌졸중이 재발한 경우 회복이 어렵다는 결론에 다다랐다"고 말했다.

현인택 통일부 장관은 2009년 7월 방한한 커트 캠벨(Kurt Campbell) 미 국무부 차관보와 만났을 때 "김정일이 수년 안에 사망할 것"이라는 데 의견 일치를 이뤘다고 한다.

물론 김정일도 이 사실을 알고 있었던 듯했다. 업무에 복귀하자마자 열심히 권력 승계 작업에 매진했다. 후계자 김정은에 대한 영재교육, 김정은의 권력 장악에 장애가 될 만한 조직이나 인물의 숙청, 중국과 러시아와의 정상외교 등이다.

또 다른 전직 한국 정부 고위 인사는 "권력승계를 둘러싼 스트레스가 김정일의 수명을 단축시키는 결과로 이어졌다"고 말했다.

북한은 2011년 12월 19일 「위대한 영도자 김정일 동지께서 주체 100, 2011년 12월 17일 8시 30분에 현지 지도의 길에서 급병으로 서거하셨다」며 김정일의 사망 소식을 알렸다. 뇌졸중으로 쓰러진지 3년 4개월 만의 일이었다.

그럼 그 결과 권력을 계승한 김정은의 건강 상태는 어떨까.

한국 정부는 권력 승계 당시 약 80㎏이던 체중이 지금은 130㎏에 달하는 것으로 추정하고 있다. 처음에는 할아버지인 김일성을 흉내내기 위해 일부러 살을 찌웠지만, 체제를 유지하기 위한 스트레스와 권력 투쟁을 둘러싼 공포에서 반복된 과식이 빚어낸 결과로 보인다.

한국 정부는 또한 김정은이 이미 통풍과 당뇨병을 앓고 있을 것으로 분석하고 있다. 국정원은 2016년 10월 국정감사에서 김정은이 심장병에 걸렸을 가능성이 있다고 보고했다.

전직 고위 간부는 "김일성의 가계는 대대로, 심장병 질환자가 많다"고 말했다. 과연 북한의 항노화 연구는 김정은을 장수의 길로 인도할 수 있을 것인가.

태양상(太陽像)과 1호 화가

북한에도 예술은 있다.

하지만 일반 주민들을 위해서가 아닌 오로지 김씨 왕조를 미화하고 찬양하기 위한 수단으로만 존재한다.

이러한 사고방식을 확립시킨 장본인은 김정일이다. 강인덕 전 통일부장관에 따르면 1967년 북한에서 공개된 영화 '일편단심'을 두고 김일성이 아닌 '갑산파'를 찬양하고 있다는 소문이 퍼졌다. 격노한 김일성은 새로운 영화를 만들도록 지시했고, 그때 나선 이가 당시 노동당 선전선동부 과장으로 있던 김정일이었다. 전국에서 예술가나 작가, 미술가 등을 모아 「피바다」, 「꽃파는 처녀」 등 수많은 영화를 만들어 격찬을 받았다.

김정일은 영화나 음악, 그림 등을 오로지 독재 정치에 이용했다.

안미옥 전 교수는 평양미술대학을 졸업하고 함흥예술대학에서 1986년 9월부터 18년간 조선화(역주 : 동양화)를 가르치며 그 현장을 직접 체험했다.

북한에서는 국가가 예술에 재능이 있는 인재를 발굴한다. 김일성은 과거 "아이들의 능력에 맞게 교사가 인재를 발굴하라"고 명했다고 한다. 그녀는

"한국과 달리 북한에서는 예술적 재능을 국가가 나서서 발굴한다. 정권을 위한 예술이기 때문이다"라고 말한다.

평양을 찾는 외국인들이 곧잘 이끌려 가는 장소 중 하나로 만경대 학생소년궁 전이 있다. 그곳에서는 초등학생 정도의 아이들이 바이올린을 켜거나 뛰어난 그림 실력을 뽐내며 방문한 이들을 경탄케 한다. 안 전 교수는 "거기는 우수한 아이들을 더 전문적으로 가르치는 곳입니다. 그들에게는 최고의 특권이 주어지며 경축행사에는 우선적으로 선발됩니다. 김정은에게 공연을 선보일 기회를 얻을 수 있기에 모두 거기에 뽑히고자 안간힘을 씁니다"라고 했다.

"한국이 경쟁 사회라지만 북한은 더 심하다. 모두의 시선 끝에는 단 한 명밖에 없기 때문이다. 그를 만족시킬 수 있는 사람이 되어야 한다고 누구나 생각합니다. 그래서 경쟁도 치열해진 것입니다."

북한의 예술은 당초 일본에서 공부한 사람들이 중심을 이뤘다. 그 뒤 1960년대까지는 소련식 사회주의 리얼리즘 예술이 유행했다. 김일성의 초상 화도 당초 레닌과 스탈린을 그린 그림을 참고로 했다고 한다. 이를 주도했던 것도 역시 김정일이었다. 조각이나 건물을 만들 경우에는 '최고 높이'라는 주문이 자주 들어왔다고 한다.

화가들이 귀한 대접을 받은 까닭은 김일성의 '영광의 시대'를 재현할 수 있는 방법이 그들밖에 없었기 때문이다. 북한은 김일성을 '항일 빨치산의 영웅'으로 대대적으로 선전했지만 증거가 될 영상이나 사진도 없었다. 모두 예술가가 상상하며 그린 것이다.

그녀는 "1970년대에 사건이 있었습니다"라며 입을 뗐다. 당시 평양 시내에 빨치산 전투를 기념한 탑을 만들게 되었다. 탑에 전투 장면을 그린 조각을 장식했는데, 예술가들은 말할 것도 없이 김일성의 키를 다른 사람보다

10㎝정도 크게 만들었다. 그러나 완공 후 관계자 전원은 탄광으로 보내졌다. "전부 비슷비슷해서 누가 김일성인지 분간할 수가 없다"는 비판이 일었기 때문이었다.

"김일성은 태양의 이미지이기 때문에 다른 사람보다 크게 그리는 것은 당연하고, 표정도 엄숙하게 위인으로서의 품격을 표현해 내야만 합니다." 1970년대 후반부터 김정일의 지시로 옅은 미소를 띤 자애로운 표정으로 바뀌게 되었다고 한다. 그것이 김일성의 사후 자주 쓰이는 미소의 초상 '태양상 (太陽像)'으로 이어졌다고 한다.

외화벌이에 나선 북한예술

'독재정치'의
첨병역할을 맡고 있는 북한예술에

'외화벌이'라는 또 하나의 사명이 부여된 것은 1980년대였다.
북한 경제가 호조세를 보이던 1960년대부터 70년대에 걸쳐 아프리카
각국의 정상과 정부 관료들이 평양을 찾았다. 이에 고무된 김일성은 이른바
'선물정치'를 본격적으로 전개했다.

"김일성은 상대방의 선물보다 큰 물건을 답례하면 상대가 말을 들을 거라고
생각한 것이다"라고 안 전 교수는 말했다. 에티오피아와 탄자니아 등에 기념탑,
경기장을 지어줬다. 모두 공짜였다. "김정일은 이를 유상으로 하면 외화벌이를
할 수 있다고 생각한 것이다."

북한에는 각 도(道)마다 미술창작사가 있다. 그 안에 외부와 미술품을
거래하는 과(課)에서 외화벌이를 담당했다. 구매자와 협의해서 금액이 정해지
면 참가할 예술가를 결정해 제작한다.

"제가 참가했던 회화(작품) 가운데 가장 높은 가격에 팔린 것은 셋이서
2만원을 번 때였습니다. 90년대 당시 쌀 1kg 가격이 500원, 방 두 개짜리

집이 18,000～20,000원, 제 봉급이 3,800원이던 시대였습니다."

그리고 외화벌이의 중심이 된 것이 '만수대창작사'였다. 1956년경 평양 미술제작소를 모체로 하여 설립되어 천리마동상과 김일성 동상을 만들었다. 이후 김정일이 평양 쓰레기 집적장을 허물고 새로운 시설을 확보했다. 인원은 약 3,800명으로 예술가는 120명 정도이고 나머지는 작품 활동을 돕는 종사원들이었다. 동상을 만들 때 하루 종일 포즈를 취하는 모델이나 미술가가 만든 도안으로 본을 뜨는 사람도 있었다. 김일성 배지(badge)를 만드는 부문도 있었다. '초상휘장창작단'으로 불렸다. 예전에는 유리로 만들었지만 지금은 수지(樹脂)로 만들고 있다.

김일성이나 김정일이 등장하는 벽화를 제작하는 경우 만수대창작사가 도안을 정하면 그 사진이 전국으로 배포되고, 도(道) 미술창작사의 '1호 작품' 영상반(領像班)이 그 사진을 확대해서 만든다고 한다.

만수대창작사는 노동당 선전선동부 선전과(課) 직속 기관으로, 도(道) 미술창작사는 도당위원회 안에 있는 선전선동부 직속이었다.

"제가 평양미술대학을 졸업할 당시 세간에서는 만수대창작사를 노동자 집단이라고 생각해 가지 말라고 한 것입니다. 1년 동안 집에 가지도 못하고 현장에 천막을 치고 일을 하고 있다고 들었습니다." 그러나 외화벌이가 활발해짐에 따라 만수대창작사는 엘리트 대우를 받게 됐다고 한다.

"외화벌이에 재미를 들인 김정일이 1980년대부터 조금씩 돈을 받기 시작한 겁니다. 외화벌이를 위해 아프리카 국가들에 동상을 만들거나 도로를 건설하는 일에 열을 올리고 있었습니다." 1990년대에 들어 외화벌이 전문 회사가 출현해 북한 미술을 선전하고자 중국과 일본에서 전시회를 열기도 했다.

북한에서는 어떤 예술가가 높이 평가되는 것일까.

"작품을 그릴 때 김일성과 그의 주변 인물을 그리면 이름이 알려지고 평가됩니다. 공훈예술가, 인민예술가라는 칭호도 얻을 수 있습니다. 20~30년 이상 작품을 그리고 평가를 받은 사람이 칭호를 받았습니다. 실력이 뛰어난 것보다 연공서열이 우선했습니다. 최고의 칭호는 인민예술가였습니다"라고 말한다.

한편 세계의 예술을 자유롭게 공부하지 못했다. 종교를 인정하지 않는 북한에선 종교화라는 장르도 없었다. 안 전 교수는 한국에 오기 전까지 레오나르도 다 빈치(Leonardo da Vinci)의 '최후의 만찬'이 종교화라는 사실을 알지 못했다.

일반 가정에서는 의무인 김일성, 김정일의 초상화를 걸면 다른 작품을 놓을 곳이 없다. 방마다 일정 수를 걸으라는 규칙이 있고, 그 밑에는 다른 그림을 함께 걸지 못하도록 정해져 있기 때문에 웬만한 부자가 아니면 그림을 즐길 여유가 없다. 그림을 걸어놓은 데라고는 김일성 일가를 기리는 곳으로 일반 주민들이 예술을 즐길 수 있는 장소는 어디에도 없다.

"북한에도 재능 있는 예술가는 많이 있습니다. 하지만 다른 작품을 많이 접할 수 있는 기회가 없기 때문에 일정 수준에 머물고 있습니다. 향후 다양한 외국 작품을 만날 수 있다면 크게 발전 할 것입니다."

북한식당을 가다

김정은 정권의
계속되는 도발에 따른 대북 제재가 강화되면서

　　최근 북한의 외화벌이는 상당한 어려움을 겪고 있다. 한국 정부 등에 따르면 전체 수출액의 절반에 가까운 연간 약 16억 달러를 벌어들인 광물자원 수출은 2016년 3월부터 새로이 유엔 제재의 대상에 포함됐으며, 연간 최대 5억 달러의 수익을 올리던 무기수출도 타격을 받았다. 또한 어림잡아 연간 약 2억 3,000만 달러의 외화를 거둬들이던 해외노동자 수출도 중국과 러시아 이외의 국가들이 고용을 거부하는 자세로 돌아섰다. 사면초가에 처한 북한의 외화벌이 현장은 지금 어떠한 모습일까.

　　2016년 7월 동남아시아 캄보디아와 라오스에서 총 4곳의 북한식당을 들러봤다. 북한식당은 중국과 동남아 등 12개 나라에서 약 130곳이 운영 중인 것으로 알려져 있으며, 연간 수익은 약 1,000만 달러에 달한다고 한다. 김정은의 비자금을 관리하는 노동당 39호실을 비롯해 거의 모든 정부 기관이 외화벌이 조직을 갖고 경쟁하고 있다.

　　외화벌이에 빨간불이 켜진 것은 이러한 식당들도 마찬가지다. 한국 정부의

'출입 자제령'으로 손님의 절반 이상을 차지하던 한국인 관광객 및 유학생들의 발길이 뚝 끊겼기 때문이다. 제4장에서 기술했듯이 2016년 4월에는 중국 저장성 닝보시에 있는 '류경식당'에서 일하던 여성 종업원과 지배인 총 13명이 집단으로 탈북해 한국에 달아나는 사건도 일어났다. 한국 정부에 따르면 대북제재 강화로 영업난이 심화되면서, 세계에서 약 130개의 20% 정도가 문을 닫았다.

세계문화유산인 앙코르와트로 유명한 캄보디아의 관광도시 시엠레아프 (Siem Reap). 지난 2015년에만 중국인 관광객이 약 70만 명, 한국인 관광객은 50만 명을 넘었다. 10년 전 쯤 문을 연 두 곳의 북한식당도 한국과 중국 손님들로 크게 붐볐지만 현지 한국인회가 거듭 북한식당의 이용 자제를 요청하면서 한국인은 거의 이용하지 않게 되었다. 여행사들도 기본적으로 한국인 여행객을 북한식당에 알선하지 않게 되었다.

7월 하순의 어느 날 점심 무렵 '평양친선관'을 찾았다. 두 명의 여성 종업원이 유리문을 열자 습기를 가득 머금은 공기가 느껴졌다. 테이블이 늘어선 홀은 어둑어둑하고, 한낮인데도 냉방은 끊기고 손님이 없어 휑하다. 무대는 사용되지 않는 듯했고 화장실로 가는 통로 중간에 아코디언이 덩그러니 놓여 있었다.

원탁이 놓여 있는 방으로 안내되어 메뉴를 살폈다. 냉면은 8달러, 북한에서 들여온다는 동태탕은 17달러다. 현지 한국 식당이라면 냉면은 5달러 정도다. 냉면을 주문하자 안 된다고 했다. 다른 몇 개의 메뉴도 안 된다며 거절했다. 손님이 없어 재료를 절약하고 있는 듯했다.

결국은 비빔밥을 주문하고서 음식이 나오기를 기다리는 동안 메뉴를 촬영하자 종업원이 쏜살같이 달려오더니 "사진을 찍었죠? 메뉴판은 찍지 않는 게 예의입니다"라고 말한다. 얼굴은 웃고 있었지만 말에는 가시가 돋쳐 있었다.

이번엔 "손님이 별로 없네요?"라고 은근슬쩍 물어보자 "우기(雨期)라서 그렇지요"라고 에둘러 대답했다. 점심시간인 12시부터 근 한 시간 동안 손님이라곤 우리밖에 없었다.

그리고 일주일 후 이 식당은 문을 닫았다.

그날 저녁엔 가까운 거리에 있는 또 다른 북한식당인 '평양랭면관'을 찾았다. 이곳은 약 500석 규모로 지난 2002년 문을 열었다. 오후 6시 반부터 공연이 있다고 들은 터라 시간에 맞춰 찾아갔다. 하지만 손님은 달랑 한 팀밖에 없었다. 캄보디아의 맥주 큰 병(5달러)과 직접 만들었다는 두부김치(3달러)를 시켜놓고 쇼를 기다리는데 좀처럼 시작되지 않는다. 이유를 물으니 7시에 도착하는 중국인 단체손님을 기다리는 것이라고 한다.

이곳은 낮에 들렀던 '평양친선관'에 비하면 여성 종업원의 표정에 생기가 도는 걸로 보아 그런대로 영업이 순조로운 것 같다.

치마 저고리를 입은 20대 여성이 우리 테이블 곁에 서서 자리를 뜨지 않았다. 그러더니 "들쭉술은 어떻습니까? 맛있어요"라며 먼저 말을
걸어 왔다. 값을 물으니 한 병에 무려 100달러나 한다고 한다. 서비스라기보다 영업을 겸하고 있는 것이다.

공연이 시작될 때 까지 여성 봉사원(종업원)과 이야기를 나눴다. 평양 출신의 대학생으로 이곳에 온지는 1년 반이 지났으며, 오후 5시부터 5시간 동안 서서 응대한다고 한다.

통역 지망생으로 영어, 중국어 회화가 가능하며 기타도 칠 줄 안다고 한다. 동료들과 식당 바로 위층에서 공동생활을 하며 "여가 시간에는 다 같이 수영을 하러 가기도 한다. 단체생활이다 보니 외롭진 않다"고 말했다.

TV는 북한, 중국, 러시아 프로그램 밖에 보지 않는다고 말했다. 종업원은

전부 똑같이 긴 머리 스타일로 "3개월에 한번 미용사가 밖에서 온다. 화장품은 평양에서 가져왔다"고 한다. 부모님과는 전화나 편지로 소식을 전하고 있다고 했다.

한국에 대해서는 "성형수술 같은 건 조선에는 없습니다. 남한의 스키니 진(skinny jeans)이나 노출이 과한 옷은 믿어지지 않는다. 학생들은 핸드폰만 쳐다보니 부모들이 한탄하고 있는 거겠죠"라며 정색을 하고는 반박한다.

"당신네 나라에서도 핸드폰이 유행하고 있어요"라고 되묻자 "핸드폰으로 지능 게임이나 사진, 문자 메시지를 주고받는 정도이지 인터넷은 하지 않습니다"라고 대답했다.

7시 반이 지나서야 겨우 스무 명 남짓의 중국인 관광객이 도착했고 공연은 시작됐다. 북한 유행가, 바이올린 라이브 연주, 춤 등이 딱 30분 동안 이어진다. 중국어 인사와 노래도 있었다. 공연은 손님이 많은 날에만 열리는데 3일 만이라고 한다. 한 북한 관계 소식통은 "예전엔 재학생을 해외로 내보내지는 않았다. 외화벌이가 과열되고 있다는 증거다"라고 말한다. 제재가 심해질수록 외화벌이는 더욱 필사적이 될 수밖에 없다.

캄보디아의 수도 프놈펜(Phnum Penh)에 있는 북한식당에서는 웅담과 비아그라를 팔고 있었다. 마지막으로 들른 라오스의 수도 비엔티안(Vientiane)에 있는 북한식당은 거의 일할 마음이 없는 듯 주문한 음식만 놓고는 무언가 물어볼 새도 없이 주방에 틀어박혀서는 돌아올 때까지 한 번도 얼굴을 비치지 않았다. 거기서는 북한의 그림을 팔고 있었다.

그곳에는 공산주의와 김정은을 위한 이상에 불타 일에 매진하겠다는 모습은 없었다. 단지 우리와 마찬가지로 그저 일에 쫓겨 지친 모습만 눈에 띌 뿐이었다.

북한의 외교관으로 산다는 것

2016년 8월 17일
통일부 대변인은 태영호 주영북한공사가

　최근 부인과 자녀들을 데리고 한국으로 망명했다고 발표했다. 태 공사는 현학봉 주영북한대사의 다음가는 위치에 있었다. 통일부는 "지금까지 탈북한 북한 외교관 중 최고위급"이라고 강조했다. 북한에서는 1997년 8월 장승길 전 이집트 주재 북한대사가 미국으로 망명한 바 있다.

　태 공사는 탈북 동기에 대해 "김정은 체제에 대한 염증, 그리고 대한민국 자유민주주의 체제에 대한 동경, 그리고 자녀와 장래 문제" 등이라고 밝힌 것으로 알려졌다. 정준희 통일부 대변인은 "북한의 핵심계층 사이에서 김정은 체제에 대해서 더 이상 희망이 없다, 그리고 또 북한 체제가 이미 한계에 이르고 있다는 인식이 확산하고, 지배계층의 내부결속이 약화되고 있지 않느냐 하는 그런 판단을 해본다"고 밝혔다.

　북한 외교관은 외국에서 어떤 생활을 하고 있는 걸까. 2000년대 후반 러시아 주재 북한대사관 등에서 근무한 뒤 한국으로 망명한 김민규 우석대 객원교수와 만났다. 물론 이 이름은 가명에 불과하다. 가족들이 아직 북한에

남아 있기 때문이다.

북한 외교관은 극심한 생활고와 사상 통제 때문에 화려함과는 거리가 먼 생활을 강요받고 있다. 김 교수에 따르면 모스크바는 베이징과 더불어 북한 최대 규모의 재외공관으로 각 50명 안팎의 외교관이 파견되어 있는데, 가족을 포함한 전원이 부지 내의 시설에 산다. 자식 중 한명은 '인질'로 평양에 남기도록 지시한다. 방이 두 개 딸린 20평(66㎡) 정도의 집, TV도 있지만 주로 북한 국내용 조선중앙TV을 위성방송으로 시청한다. 그는 "직업 특성상 영국 BBC와 미국 CNN도 필요하지만 꼭 직장에서 보도록 했다"고 말했다.

길거리 영화관에 출입하는 것은 엄격히 금지됐으며, 대사관 밖으로 나갈 때는 반드시 두 명 이상이 함께 움직여야 하고 30분 이상의 단독 행동은 기본적으로 금지됐다.

월수입은 대사가 450유로, 직원이 350유로에 불과해 식비와 전화요금, 기름값을 내고 나면 남는 게 없다고 한다. 김 교수는 "레스토랑에서 접대하거나 선물을 할 만한 여유는 없었습니다. 외교 활동은 오로지 대사관에서 열리는 연회로 때웠습니다"라고 말했다.

공관 운영 등에 쓸 돈벌이가 중요한 일이었다. 모스크바와 베이징 등 대규모 공관에는 본국에서 보내오는 돈이 있긴 하지만 얼마 안 되는 액수여서 턱없이 부족했다.

그나마 모스크바의 경우 평양과 국제열차로 연결되어 있는 것이 행운이었다. "화물 검사 등이 항공편보다 느슨하고 대량으로 운반할 수 있기 때문이다"라고 했다.

이익이 많이 남았던 것이 모스크바에서 모은 페니실린이었다. 매달 동료에게 부탁해서 국제열차로 본국에 보내면 그것을 가족들이 북한 내에서 팔았다. 그리고는 동료가 수수료 10%를 뗀 뒤 대금을 다시 모스크바로 부쳤다고 한다.

"외교관이 술이나 특산품 운반책을 하며 돈벌이를 하는 경우도 있다"고 했다. "술을 금기시하는 이슬람권 국가에 위스키나 와인을 밀수하거나 제3국 사이에서 짐을 옮기고 운임을 받기도 합니다." 북한 공관 중에는 유스호스텔로 시설을 이용하거나 불법 카지노를 개업한 곳도 있다고 한다.

김 교수는 태 공사 망명 배경에는 5월 제7차 조선노동당 대회 취재 차 북한에 입국한 BBC기자가 왜곡 보도를 했다는 이유로 구류된 사건이 있다고 보았다. "방북 허가를 내 준 태 공사에게 책임을 묻겠죠." 더더군다나 "태 공사의 아이는 외국에서 태어났다. 북한 특유의 사상 통제 하에서 살아가기 어렵다고 염려한 것은 아닐까요"라고 추측했다.

북한에서 귀순 사건이 터질 때마다 노동당, 국가안전보위부, 외무성이 각각 재외공관에 검열단을 보내 공관원들과 개별적으로 면담을 한다. 김 교수는 "동료가 어떤 이야기를 할지 모르기 때문에 체념하고 자신과 동료들의 불상사를 보고하는 경우도 많다"고 말했다.

The Ship of Death

김정은 체제 들어 일본 해안을 중심으로 북한에서 표류한 것으로 추정되는 목조선이 잇따라 발견되고 있다.

낡은 선체에는 군 소속임을 나타낸 듯한 한글 표기도 있었다. 일본 해상 보안청에 따르면 북한에서 떠내려 온 것으로 보이는 목조선은 2012년 47건, 2013년 80건에 이어 2014년에는 65건에 달했다.

왜 목조선의 표류가 이어지는 걸까.

2015년 12월 북한 함경북도 청진에 있는 군부대 산하 수산사업소에서 일하던 한 50대 남성을 만났다. 햇볕에 검게 그을린 다부진 체격의 이 남자는 상냥하게 웃는 얼굴로 어업 관계자와 군이 외화벌이를 매개로 공생하고 있는 북한 어업의 실태에 대해 이야기했다.

그는 2000년대 중반까지 청진의 사업소에서 목조선 6척을 관리하며 외화벌이에 종사하고 있었다. 표류한 선박들은 주로 동해안에서 오징어잡이 등에 나섰던 배라고 했다.

북한에서는 '고난의 행군'이라 불리는 대기근이 발생했던 1995년경부터 국가에 의한 배급 시스템은 파탄에 이르렀고, 더 이상 국가 경제에 기댈 수 없게 된 사람들이 자체적으로 목조선을 조달하여 어업에 나서게 됐다는 것이다.

하지만 그냥 조업에 나섰다가는 필시 단속에 걸려 상납금을 물거나 운이 나쁘면 전부 몰수되고 감옥에 갈 수도 있다. 그런 까닭에 외화벌이에 혈안이 된 군과 국가안전보위부 등에 돈을 내고 등록하여 이들 기관 산하의 선박이라는 보증서를 얻는다는 것이다. 북한에서는 조업차 가까운 바다로 나가기 위해서만도 10가지 종류에 달하는 증명서가 필요하다 보니 당국과의 유착 없이는 어업을 계속하는 것이 사실상 불가능하다.

비록 선원들이 군인은 아니지만 웬만하면 단속에 걸리지 않는 군에 배를 등록하는 것이 가장 선호된다. 수산물 판매 대금으로 연료와 선원들의 식량 등을 구입하고 또 군에 납부해야 할 상납금까지 고려했을 때, 연간 약 50만 달러를 목표 수익으로 설정한 배도 있다고 한다.

중국 국경과 가까워 외화벌이에 수월한 청진에만 이런 목조선이 약 2,000척에 이르며, 이 가운데 약 70%가 군에 등록되어 있다고 한다.

선박은 모두 자체 조달한 노후어선이다. 이 남성은 TV에서 일본 방송을 보고는 북한 어선임을 쉬이 눈치 챘다면서 "조잡한 만듦새 하며, 콜타르(coal tar)를 칠해 보강한 어선은 북한 배밖에 없지 않습니까"라고 말했다.

북한에서는 출어를 앞두고 육지에서 조선중앙방송 등의 일기예보를 들을 뿐, 목조선에는 라디오도 무선통신 설비도 갖춰져 있지 않다. 게다가 북한의 일기예보는 부정확한 데다 급변하는 날씨 탓에 조난사고가 자주 발생한다고 한다. 그는 "몰래 라디오로 한국의 일기예보를 듣는 사람도 많다. 목숨이 걸렸기 때문에 어쩔 수 없다"고 덧붙였다.

2015년 12월 이 남자는 출장차 들른 중국에서 북한에 남은 지인을 만났다.

이 지인에 따르면 2015년 9월 말부터 10월 초에 걸쳐 50명 안팎이 5~6척의 목조선에 나눠 타고 동해에서 오징어잡이를 하다가 악천후로 3명을 제외한 나머지 전원이 조난당했다고 한다. 또한 2014년 8월에도 청진에서 출항한 어선 300척 가운데 11척만 남고 모두 조난당하는 사고도 일어났다고 전했다.

북한에서는 피해자 보상제도도 없을 뿐더러 이미 일본에서 보도된 사실도 사람들에게 알려지지 않았다. 그래도 사람들은 조악한 배를 타고 거친 파도가 치는 동해로 나선다. 한국 정부 관계자는 그 모습에 대해 "악천후 속에서 나뭇잎처럼 흔들리는 배에 몸을 맡기고 조업하는 모습은 자살 행위로밖에 보이지 않는다"고 말한다. 사고가 일어나도 책임을 지는 것이 싫은 나머지 그대로 동료를 저버리는 경우도 있다고 한다.

제7장

김정은과
일본

'스톡홀름 합의'와 일본인 납치문제

북한의 5차 핵실험을
엿새 앞둔 2016년 9월 3일,

    일본 외무성 아시아대양주국의 참사관과 과장 그리고 사무관 등 세 사람은 중국 동북지역 랴오닝(遼寧)성 다롄(大連)시에 들어갔다. 마침 이날까지 러시아 블라디보스토크에서 '동방경제포럼'이 열리고, 이튿날인 4일부터는 중국 항저우에서 주요 20개국(G20) 정상회의가 열리게 되어 있었다.

언론의 이목이 국제회의에 쏠린 틈을 타 3, 4일 양일간 일본 외무성 관계자 세 사람은 북측과 접촉했다.

먼저 말을 꺼낸 것은 일본이었다. 그해 7월 10일 치러진 참의원 선거에서 자민당이 압승하면서 개헌발의를 위한 전체 의석의 3분의 2를 차지하기에 이르자, 정치적 안정을 확보한 아베 정권의 다음 수순은 답보상태에 빠진 2014년 5월 '스톡홀름 합의'의 재가동이었다.

스톡홀름 합의로 일본은 북한에 대한 제재를 일부 완화하는 대신 북한은 납치 피해자에 대한 재조사를 하게 되어 있었다.

그런데 일본과 북한이 뚜렷한 입장차를 보였다. 북한은 제2차 세계 대전 당시 북한 역내에서 사망한 일본인 유골 반환 문제와 전후의 귀국 사업으로 북한으로 건너간 재일 조선인의 일본인 배우자 조사 결과 제출을 타진하면서 일본 여론의 추이를 보고자 했다.

반면 일본은 납치 피해자 조사 결과를 즉각 제출할 것을 요구했다. 몇 번의 접촉에서 북한이 준비하고 있던 재조사 결과가 일본 정부의 기대에 부합하지 않을 가능성이 나타났다. 당시 일본 정부 내에서는 "그런 조사 결과를 받고서 납치 문제가 마무리 되는 건 용납할 수 없다"는 목소리가 불거졌다고 한다.

양국 간 실랑이가 이어지는 사이 2016년 1월 북한은 4차 핵실험을 강행했고, 2월에는 장거리 탄도미사일까지 발사했다. 이에 일본이 독자적인 대북제재 조치를 다시 강화하자 북한은 조사의 전면 중단과 조사를 담당하는 특별조사위원회의 해체를 선언한 바 있다.

일본은 다롄에서 가진 비밀 접촉에서 납치 문제의 해결을 재차 호소하며 특별조사위원회를 다시 가동해 충분한 조사를 실시하도록 요구했다고 한다.

하지만 불과 비밀 접촉 엿새 만인 9월 9일 북한은 5차 핵실험을 강행했고, 그로부터 이틀 후인 11일 가나스기 겐지(金杉憲治) 일본 외무성 아시아대양주 국장은 일본을 방문한 성김(Sung Y. Kim) 미국 국무부 대북정책 특별대표와 외무성에서 회담을 가졌다.

가나스기 국장은 북한의 핵실험을 강도 높게 비난하며 북한에 대한 국제사회의 제재에 적극 협력할 것을 약속하는 동시에 "일본에게 납치 문제는 결코 포기할 수 없는 문제이다. 앞으로 기회가 있으면 협상해 나간다"라고 덧붙였다. 다만 다롄에서의 비밀 접촉은 언급하지 않았다.

그리고 핵실험이 있은 지 한 달가량이 지난 10월 8일, 이번에는 일본 외무성 관리들이 두 조로 나뉘어 중국 남동부를 찾았다. 다롄 접촉에 참가했던 3명에 정부 고위 관리 한 명이 더 가담했다. 네 사람은 각각 나리타(成田)공항과 간사이(関西)공항에서 따로 탑승해 홍콩과 마카오에 도착하여 북한 측과 두 번째 접촉을 가졌다.

이 고위 관리는 아베 총리의 심복이자 오른팔로 꼽히는 인물로, 일본 정부 관계자는 "그가 참가했다 하면 총리로부터 직접 지시를 받고서 움직이고 있다고 밖에 생각할 수 없다"고 말했다. 일본은 11월에도 중국 광저우에서 3번째 접촉을 가졌다고 하며, 이후 거의 한 달 간격으로 접촉을 반복했다.

2016년 9월 재개된 비밀 접촉이 어떤 결말을 초래할지는 아무도 예상할 수 없다. 하지만 핵과 미사일 그리고 납치 문제 등을 해결한 이후에 북한과의 국교 정상화에 나선다는 일본의 대북외교는 사실상 납치 문제를 최우선 순위에 두고 있는 것은 틀림없다.

조총련의 몰락

평양 중심부의
김일성 광장 옆에는 북한 외무성이 있다.

북한 외교관은 1,500명 정도이지만 해외에 근무하는 인원은 장기
출장자를 포함해도 300명 정도에 그친다. 본국 근무 외교관들은 아침 8시
전부터 출근해서 밤늦게까지 일을 한다. 토요일은 생활총화를 위해서 출근하
고, 일요일에도 오전부터 점심 무렵까지 일하는 게 일상이지만 국제 사회의
제재가 강화됨에 따라 본연의 업무는 점차 줄어들고 있다.

그 전형적인 사례가 바로 2016년 7월 아세안지역안보포럼(ARF) 참석차
라오스를 찾았던 리용호 외무상이었다. 그는 당초 국제사회의 제재에서 벗어나
기 위해 라오스 이외의 동남아 각국을 순방하려 했으나 "지금은 시기가
적절치 않다"며 모두 거절당했다. 라오스 인민혁명당은 1975년 집권 당시
김일성으로부터 많은 지원을 받고 지금도 당시의 지도자는 건재하고 북한의
몇 안 되는 우방국 중 하나로 알려져 있지만, 리 외무상의 방문에 대해선
국제회의 참석으로만 인정하고 라오스와의 양자 외교의 기회를 부여하지
않았다.

그런 가운데서도 유독 존재감이 없는 것이 일본 담당자들이다.

북한 외무성의 각 지역 담당국에는 번호가 매겨져 있는데 북한에게 중요한 나라나 지역일수록 빠른 번호가 부여되어 있다. 1국은 중국, 2국은 러시아, 3국은 동유럽과 같은 순으로 일본 담당은 14국이다. 5국의 중동, 6국인 아프리카보다도 못한 대우를 받고 있다.

14국의 직원은 약 15명으로 평소 일본 신문을 읽고 정세 분석을 보고하는 정도다. 또한 외무성에는 '조일회담 상무조'도 있지만 이는 외무성 단독으로는 북일관계를 추진할 수 없기 때문에 타 부서와의 정보 교류와 상호 협력을 위해 만들어진 조직이다.

그렇다면 어느 부서가 대일관계에서 힘을 갖고 있는 걸까.

예전부터 북한의 대일관계에서 권력을 쥐고 있던 곳은 조선노동당이었다. 그 가운데 국제부, 대외연락부, 통일전선부가 주도권 싸움을 벌였다. 목표는 재일조선인들을 둘러싼 이권이었다.

오랫동안 관련 이권을 독점해 온 인물은 강주일이었다. 그의 본명은 강관주로 알려져 있다. 그는 오랜 시간 대외연락부장을 지내며 조총련의 이권을 가지고 있었다. 그러나 일본 버블 경제 붕괴, 조은신용조합(朝銀信用組合)의 파산, 일본인 납치문제 등으로 조총련의 조직력과 자금력이 서서히 저하되면서 대남공작의 중심이었던 당 대외연락부는 225부로 격하된 채 내각으로 이관되었다. 추락은 여기서 멈추지 않았고 2013년경에는 당 통일전선부로 편입되기에 이르렀다. 당시 통일전선부장이던 김양건은 강주일과 당의 자리를 놓고 다투던 견원지간으로, 흡수된 225부를 냉대한 것은 당연했다. 결국 강주일은 2014년 10월 실의에 빠진 채 세상을 떠났다.

2016년 봄 북한을 방문했던 조총련 관계자는 깜짝 놀랐다. 이제껏 부부장이었던 통일전선부의 담당 책임자가 과장으로 강등됐기 때문이다. "조총련의 힘이 이렇게까지 떨어졌나"하며 관계자들은 고개를 떨궜다고 한다. 김정은 정권 들어 '김정일의 요리사'로 알려진 후지모토 겐지(藤本健二)가 김정은과 두 차례 면담을 가진데 비해 조총련 의장은 여전히 김정은과 개별 접촉을 갖지 못하고 있다.

그러던 와중 2016년 5월 제7차 조선노동당 대회를 즈음해 김일성과 김정일의 시신이 안치된 금수산태양궁전의 지붕 부분에 금박을 입히고 대형 수정옥 장식을 하는 등의 보수 작업 계획이 부상했다. 김정은은 이전부터 중요한 기념일마다 간부들과 함께 이곳을 방문해 왔으며, 오늘날에는 김정은 세습의 정당성과 권력을 확인하는 중요한 수단의 하나가 되었다. 북한은 김정은의 권위를 높인다며 각 기관과 지구마다 비용 분담을 요구했다.

조총련 간부들은 이를 듣고 기뻐서 펄쩍 뛰었다. 조총련 측에도 공사비 명목으로 2,500만 엔의 부담이 요구되었는데, 떨떠름해하는 상공인과 각 조직을 윽박지르거나 달래가며 간신히 긁어모았다. 그런데 얼마 뒤 간부들의 힘이 빠지는 소식이 날아들었다. 조총련 이외의 조직이 하나같이 자금을 모으지 못해 사업이 중단됐다는 내용이었다.

이 기회를 놓칠 수 없었던 조총련 간부들은 머리를 맞대고 상의한 끝에 모형 금박궁전을 만들어 평양으로 가지고 갔다고 한다. 이 모형이 궁궐에 장식되었는지는 확실치 않다.

통일전선부 역시 일찍이 국제부장을 맡아 일본 실정에 밝았던 김양건이 2015년 말 교통사고로 사망하면서 일본과의 거리가 점점 멀어지고 있다.

미스터 X

그럼 납치 피해자를
관리하고 있다는 국가안전보위부는 어떤가.

스톡홀름 합의 후 서대하 국가안전보위부 부부장은 특별조사위원장을 맡아 2014년 10월 평양에서 열린 북일 협의에서도 모습을 나타냈다.

탈북한 전직 북한 당국자는 "문제는 보위부가 어디까지 진실을 이야기하느냐일 것이다"라며 "보위부는 막강한 권력을 휘두른다. 고문도 마다하지 않는 인간들이기에 납치 피해자에게 아무 짓도 하지 않았다고는 생각하기 어렵다. 자신들의 숨기고 싶은 과거를 어디까지 이야기할지는 모른다"라고도 말한다.

결국은 김정은이 이 문제를 어디까지 해결할 용의가 있느냐에 달려있다. 일본이 2016년 가을부터 재개한 북한과의 접촉 역시 김정은이 어디까지 관심을 갖고 있는지는 알 수 없다.

과거 '미스터 X'로 불리며 2001년 북일 정상회담을 주도했던 류경 국가안전보위부 제1부부장은 김정일과 단둘이 술을 마시는 사이로 알려졌다. 스스로 "나는 국방과 치안을 모두 총괄하는 사람이다. 미국으로 치자면 국가안보보좌관 같은 것이다"라며 보위부 부부장으로 불리는 것을 탐탁지 않게 생각했다고 한다.

일본 정부 고위 관계자는 "제2대 미스터 X는 실재한다. 우리는 직접 연락도 받고 있다"며 확신을 갖고 말하지만, 지금 북일 교섭을 이끌고 있는 사람이 정말 김정은의 결단을 촉구할 수 있는 인물인지 아닌지는 아직 불분명하다.

북미 비밀 접촉의 실상

김정은 정권과의
접촉을 시도하고 있는 것은 일본뿐만이 아니다.

2014년 11월 7일 제임스 클래퍼(James Clapper) 미국 국가정보국
(DNI) 국장이 북한을 찾았다. 북한에 억류돼 있던 미국인 케네스 배(Kenneth
Bae)와 매튜 토드 밀러(Matthew Todd Miller)의 석방을 위해서였다. 그는
김원홍 국가안전보위부장, 김영철 정찰총국장 등과 만나 오바마 대통령의
친서를 전달했다.

무슨 연유로 미국 정보기관의 수장인 클래퍼 국장이 북한을 방문한 것일까.
당시 오바마 대통령은 북한이 미국인 석방을 협상의 지렛대로 악용하는 것을
우려하며, 이에 응하지 않겠다는 뜻을 분명히 하기 위해 그를 보낸 것으로
알려졌다.

하지만 한 관계자는 "이유는 그것만이 아니었을 터"라고 말한다.

오바마 정권은 정보기관을 통해 북한과 은밀히 비밀 접촉을 해왔다.
그리고 클래퍼 국장의 방북은 그 집대성이라고 할 수 있었다.

첫 접촉은 2012년 4월 7일이었다. 한 미군기가 괌 기지와 평양을 왕복했고,

8월 18~20일에도 역시 같은 루트를 오갔다. 이 비행기의 탑승자는 당초 미 국가안전보장회의(NSC)의 시드니 사일러(Sydney A. Seiler) 한국 · 일본담당보좌관과 국가정보장실(ODNI·Office of the Director of National Intelligence)의 조셉 디트라니(Joseph R. DeTrani) 북한담당대사라고 알려졌다.

이 당시 한국 공군 전투기가 긴급 발진(스크램블, Scramble)하는 상황이 발생했다. 그들이 타고 있던 미국 국적기가 사전에 비행계획(Flight Plan)을 제출하지 않았기 때문이다. 신원과 행선지를 묻는 한국 측의 질문에 이 미군기는 "평양"이라고만 답하고는 침묵했다.

한국 측은 발칵 뒤집혔다. 외견상 기체에 그려진 성조기만 봐서는 미국 국적기인 것은 틀림없는 듯했다. 하지만 누가 탑승하고 있는지는 도무지 짐작이 가지 않았다. 한국은 이 비행기의 관제를 거부하고 미국에 끈질기게 조회를 했다. 결국 미국 정부가 "자국 항공기가 맞다"고 시인하면서 사건은 일단락되었다.

과연 누가 이 항공기에 탑승하고 있던 것일까. 이 비밀 접촉의 수장은 사일러도 디트라니도 아닌 미 중앙정보국(CIA)의 마이클 모렐(Michael Joseph Morell) 부국장이었다. 그는 1980년 중앙정보국에 발을 들인 이후 33년을 그곳에서 보냈다. 아시아·태평양 지역의 정보 분석 경험이 있으며 2010년 5월 부국장에 취임했다. 국장대행 경험까지 있는 거물이었다.

모렐 부국장이 2013년 8월부 부국장 퇴임한 뒤 후임으로 임명된 에이브릴 헤인즈(Avril Haines)도 2015년 1월 퇴임할 때까지 한두 차례에 걸쳐 평양을 다녀왔다. 그녀는 국무부에서 근무하고 백악관 국가안보회의(NSC)의 법률보좌관도 지낸 인물이었다.

미국은 '괌-평양 루트' 외에도 CIA 요원을 통해 중국 등지에서 북한 당국자와의 비밀 접촉을 가진 것으로 알려졌다. 이에 한 군사 관계 소식통은 "괌이나 요코타(橫田) 미군기지에서 평양을 들어가면 아무래도 레이더 또는 비행 허가 문제로 한국이나 일본에 탄로가 난다. 그렇다고 군용기가 아닌 민항기를 타고 간다고 해도 중국 등 경유지에서 꼬리를 밟히고 만다. 평양으로 가는 민항기의 탑승객은 모두 한국과 중국 등의 정보기관이 체크하고 있기 때문이다"라고 말한다.

CIA는 2015년 9월 말에도 당시 남북관계 개선에 적극적이던 한국의 요청으로 평양에 들어갔다. 그 이후 CIA가 북한을 찾았는지 여부는 확인되지 않고 있다.

오바마 대북정책의 한계

CIA의 목적은 무엇이었을까.

　　그것은 방북 때마다 조금씩 바뀌었다. 예컨대 첫 방북 때에는 북한이 예고한 장거리 탄도 미사일 발사를 저지시키기 위한 메시지를 전달하는 임무가 있었다. 2012년 8월의 경우에는 그 해 11월에 있을 미국 대통령 선거가 끝날 때까지 군사적 도발을 막겠다는 의도를 지닌 방북이었다. 물론 억류돼 있던 미국인의 석방도 목적 중 하나였다.

　　다만 방북의 공통된 목적은 있었다. 그것은 김정은의 인간성과 생각을 알아내는 것이었다. CIA 부국장이란 빅카드를 꺼낸 것도 김정은을 직접 만나 핫라인을 구축하고자 하는 의도였다.

　　하지만 방북 때마다 자리에 나온 사람은 인민무력부장과 국가안전보위부장, 당 군수공업부장 등이었다. 김정은은 커녕 당시 2인자였던 장성택 국방위 부위원장조차 만나지 못했다.

　　면담이 성사된 이들도 "미국과 동결하기로 약속한 것은 탄도 미사일 뿐이지 위성 운반 로켓은 관계 없다"는 등 미국 측의 요구를 계속 무시했다. 2012년 11월 6일 미국 대선 당시에는 선거일에 맞춰 평양 산음동 병기공장(탄도미사일

제조시설)에서 미사일을 반출해 평안북도 동창리 발사장으로 운반을 시작하는 도발을 감행했다.

비밀 루트로 CIA 거물급의 방북을 알게 된 한국과 일본은 초조해졌다. 하지만 결과적으로 오바마 정부는 김정은 정권과의 사이에서 괄목할 만한 성과를 거두지 못한 채 임기를 마쳤다. 한일 정부 관계자는 "결국 오바마도 아무것도 얻지 못했다"며 복잡한 표정을 지었다. 그것은 미국에 밀리지 않아 다행이라는 안도감과 동시에 북한에서 가치 있는 정보를 끌어내지 못한데 대한 허탈함이 뒤섞인 얼굴이었다.

물론 접촉 인사들의 면면은 아베 정권의 비밀 접촉의 스케일을 크게 능가한다. 미국이 아베 정권의 비밀 접촉을 강하게 비판하지 않는 배경 중 하나는 협상을 전제로 하지 않는 정보기관 간의 접촉이기 때문이기도 하지만 "자신들도 하고 있다"라는 생각이 있기 때문일 것이다.

한국도 마찬가지다. 2010년 3월 천안함 피격사건과 그해 11월 연평도 포격 도발이 있었을 당시 정부와 시민들은 격분하여 대북 보복 공격이나 제재를 부르짖었다. 그러나 한편에서 한국 정보당국과 북한 국가안전보위부는 "이럴 때야말로 밀접하게 연락을 주고받아야 하지 않겠느냐"고 서로 공감대를 이뤘다고 한다.

남북한 정보기관 간의 비밀 접촉은 2011년 초 미스터 X로 불리던 류경 국가안전보위부 제1부부장이 김정일에 의해 처형된 후 거의 수그러들었다. 그러나 일단 접촉을 재개하면 극비리에 서울과 평양을 오간 경험을 바탕으로 오래지 않아 밀접한 관계를 재구축할 것이다.

과거 김정은이 어렸을 적 방문하기도 했던 일본이지만 북한에 관한 인적 정보(휴민트, HUMINT)에 한해선 한국이나 미국을 따라잡을 수 있을 만큼의 실력은 아직 없다.

김정은이 쓰러지는 날까지 그 간극을 메우는 일은 아마 어려울 것이다.

이 책을 번역하는 지난 몇 개월 동안 한반도를 둘러싼 국제정세는 그야말로 롤러코스터를 타듯 긴장과 화해의 국면을 오르내렸다. 지난해 9월 북한의 6차 핵실험으로 미국의 선제 타격 가능성이 불거지며 위기감은 최고조에 달했고, 지금도 이른바 '코피 전략(Bloody nose, 제한적 정밀타격)'이 거론되고 있는 가운데 한반도를 둘러싼 전운(戰雲)이 완전히 가시지는 않고 있다.

이번 북한의 평창 동계올림픽 참가를 둘러싸고 갑론을박이 한창이다. 일각에서는 한반도 정세 완화에 결정적인 계기가 될 것이라는 희망 섞인 얘기를, 또 다른 일각에서는 국제사회의 대북제재 공조가 무너질 수 있다는 우려의 목소리도 나온다.

'현송월 신드롬'이라 불릴 정도로 큰 관심을 모았던 북한 예술단 사전점검단의 방남을 시작으로 우리 민항기의 첫 원산 갈마비행장 착륙과 마식령 스키장에서의 공동훈련, 삼지연관현악단의 특별공연 그리고 '백두혈통' 김여정의 개막식 참석까지 숨 가쁘게 전개되고 있는 남북의 움직임을 역자(譯者)가 미쳐 다 헤아리지 못해 작금(昨今)의 한반도 정세를 한 마디로 정리하기는 어렵다.

그저 이 보잘것없는 책이 '평화올림픽'을 통한 남북관계 개선과 한반도 평화정착에 이바지하고, '미지의 국가'인 북한을 이해하는데 조금이나마 일조하기를 바랄 뿐이다.

전문 번역가가 아닌 비전문가의 첫 번역작이기에 서투르고 어색한 표현이 많지만 독자들께서 너그러이 이해해주실 것으로 생각한다. 마지막으로 번역을 흔쾌히 허락해주신 마키노 요시히로(牧野 愛博) 국장님과, 이 책이 나오기까지 많은 도움과 조언을 아끼지 않으신 홍주형 세계일보 기자님께 감사드린다.

2018년 2월

교토(京都) 시내가 내려다보이는
리쓰메이칸(立命館)대학 도서관에서

이재용

2018년 2월 9일 ㅣ 초판 1쇄 인쇄
2018년 2월 12일 ㅣ 초판 1쇄 발행

지은이 ㅣ 마키노 요시히로(牧野 愛博)
옮긴이 ㅣ 이재용
발행처 ㅣ (주)디자인여백플러스

주소 ㅣ 서울특별시 영등포구 선유로 70
전화 ㅣ (02)2672-1535~6
팩스 ㅣ (02)2672-1533
E-mail ㅣ yb1555@hanmail.net

값 15,000원

ISBN   979-11-963070-0-4   93340

이 도서의 국립중앙도서관 출판예정도서목록(CIP)은 서지정보유통지원시스템 홈페이지
(http//seoji.nl.go.kr)와 국가자료공동목록시스템(http://www.nl.go.kr/kolisnet)에서 이용
하실 수 있습니다.(CIP제어번호 : CIP2018004591)